행복해지는 법을
아무도
가르쳐주지 않아서

행복해지는 법을
아무도
가르쳐주지 않아서

이하늘 지음

– 3,500km 미국 애팔래치아 트레일을 걷다

푸른향기
Prungod Publishing Co.

인생사춘기에 AT를 걸다

"Describe yourself."

대학교 첫 영어 수업시간. 작문 과제가 주어졌다. 과제 분량인 A4용지 1장~1장 반을 영어로 작문해야 하는 일도 어려웠지만 나에 대해 뭐라고 써야 할지 막막했다. 고심 끝에 제출한 과제에 대한 평가는 실망이었다. 본인에 대한 구체적인 내용이 없이 추상적이라는 것이었다. 이를 수정하여 다시 제출해야 하는 2차 과제를 위해 또다시 나는 머리를 쥐어짜야 했다.

이 과제를 통해 나 스스로에 대해서 너무도 무지했다는 사실을 알게 되었다. 단순히 몇 개의 단어로 나열하는 것이 전부였고 깊이가 없었다. 나의 청소년기는 큰 소란 없이 지나갔다. 질풍노도의 시기를 보내며 삶에 대해 고찰하기보다는 학생이라는 본분에 충실히, 공부를 가까이 했다. 대학교 신입생이 되어 마주한 다소 철학적인 영어 과제 전까지는 나 자신을 돌아볼 계기가 없었기에 어쩌면 당연한 일인지도

행복해지는 법을
아무도
가르쳐주지 않아서

모른다.

나는 운 좋게도 대학교 때의 과제를 통해 나를 되돌아보는 기회를 얻었다. 하지만 이런 생각을 지속적으로 발전시키기는 쉽지 않았다. 당장 목전에 있는 과제들, 토익점수, 스펙을 위한 경험이 우선이었다. 정신없는 대학생활을 마칠 즈음에는, "나는 행복한 삶을 추구한다"고 말하고 다녔다. 어느 날 친구들과의 모임에서 한 친구가 물었다.

"어떤 삶이 네가 추구하는 행복한 삶인데?"

몇 시간째 맥주를 마시며 나눈 이야기 끝에 나온 질문이었지만, 나는 그 질문에 속 시원한 답을 줄 수 없었다. 행복한 삶을 추구하지만, 어떻게 사는 것이 행복한 삶인지 모르는 아이러니. 이로써 대학교를 시작하고 마칠 때, 나는 인생에서 중요한 질문 하나를 품게 되었다.

졸업을 하고 취업을 한 이후 역시 직장생활에 치이곤 했다. 이런 가운데에서도 그나마 여행을 떠나면 나와 마주하는 시간을 가질 수 있었다. 새로운 환경에 나를 노출시키고 그 속에서 신체적, 정서적으로 반응하며 행복해 하는 스스로를 발견할 수 있었다. 여행이 가지고 있는 매력 중 나 스스로를 알게 만들어준다는 것이 나를 계속해서 여행으로 이끌었다.

이 책은 미국 동부에 위치한 애팔래치아 트레일을 걸었던 147일 동안의 여정을 담고 있다. 동시에 장거리트레일을 선택하고 직장을 그만두기까지 대한민국의 평범한 30대 여성의 고민을 담고 있다. 3,500km의 산길을 오르고 내리면서 경험하고 생각했던 것들, 무엇보다 이 길에서 스스로와 마주했던 시간들, 나 자신을 오롯이 바라볼 수 있던 이야기들을 이 책에서 만날 수 있을 것이다.

많은 사람들이 스스로에게 묻는다. '나는 무엇을 추구하는가?' '어떻게 살아가야 하는가?' '행복한 삶이란 무엇일까?' 이에 대한 대답을 쉽게 할 수 있는 이들은 결코 많지 않을 것이다. 산에서 길을 헤맨다 해도 가야 하는 방향을 정확히 알고 있다면 조금 돌아갈지라도 목

행복해지는 법을
아무도
가르쳐주지 않아서

표한 곳에 도달할 수 있다. 그렇기 때문에 자신이 어떤 사람인지, 자신이 어떤 방향의 삶을 추구하는 사람인지 아는 것은 삶 전반에 있어 무척 중요하다. 그리고 이는 스스로에 대해 많은 질문을 던져보고 스스로를 잘 아는 것에서부터 시작한다.

이 책을 통해 삶에서 한번쯤 겪게 되는 '인생사춘기'에서 스스로에 대해 물을 수 있길 바란다. 스스로와 마주할 수 있는 시간을 가져보길 바란다. 그리고 이 책이 많은 이들에게 그러한 질문의 문을 열어주는 열쇠 역할을 하게 되길 바란다.

2018년 10월

시드니에서

차 례

2부

3부

4부

부록 | AT Tips

1부

서로의 헤드랜턴만이 길을 밝혀주는 암흑 속에서 그의 호흡소리와 나의 호흡소리를 들으며 산을 오르는 느낌이 묘했다. 앞서가던 내가 거친 숨을 내쉬며 잠시 멈추면, 이내 그도 멈춰 기다려주었다. 그리고 내가 다시 걷기 시작하면 그 역시 다시 걷기 시작했다. 재촉하거나 추월하지 않고 그저 묵묵히 기다려주고 함께 호흡하고 발걸음을 맞춰 가는 것. 그 순간 이것이 바로 누군가와 함께 하는 삶이라는 생각이 들었다.

(Day 1 / 11.84km, Springer Mountain-Hawk Mountain Campsite / Total 11.84km)

2017년 4월 27일, 스프링어 마운틴(Springer Mountain, Georgia)에 섰다. 드디어 3,500km의 AT(Appalachian Trail, 애팔래치아 트레일) 시작을 앞두고 있었다. 이곳 스프링어 마운틴은 AT에서 노보(NOBO: North Bounder, 남쪽에서 북쪽을 향해 걷는 하이커)들의 시작점이다. 그 정상에는 AT를 조성하는 데 지대한 공을 세운 벤톤 맥카예(Benton Mackaye)의 동판과 AT 시작점임을 알리는 안내 동판이 놓여있었다. 3,500km 대장정의 시작점, 혹은 끝지점인지라 크고 화려한 무언가가 있을 거라 예상했는데 생각보다 단출한 느낌이었다. 빗방울이 조금씩 떨어지고 있었기 때문에 우리 두 사람은 우리만의 출발 세레모니를 하고(그래봤자 사진이나 영상을 찍는 정도지만) 서둘러 대장정의 여정을 시작했다.

애팔래치아 트레일, 이 긴 길 위에 나는 삶의 반려자와 함께 있었다. 우리는 결혼식을 따로 하지 않고 신혼여행으로 세계여행을 택했다. '두두부부'라는 닉네임을 사용하고 있는데, 그것은 두 바퀴의 자전거와 두 다리의 하이킹으로 세계 곳곳을 여행하고 있는 우리 부부의 '아이덴티티'이다. 그만큼 우리 부부의 이야기에서 자전거와 하이킹, 그 중에서도 장거리하이킹은 빼놓을 수 없다.

2015년 4,300km의 PCT(Pacific Crest Trail, 퍼시픽 크레스트 트레일)를 완주하고 잠시 한국에 왔던 양희종, 당시는 친한 오빠였던 그로부터 연인이 되어달라는 고백을 받았다. 그리고 우리는 연애를 시작했다. 그로부터 사흘 뒤 그는 CDT(Continental Divide Trail, 컨티넨탈 디바이드 트레일)을 걷기 위해 다시 미국으로 떠났다. 무책임하게 떠난 것이 아니었다. 그는 내가 '가지 않았으면 한다'고 말하면 떠나지 않겠다고 했으나, 우리에겐 각자 삶의 목표가 있었기에 서로의 선택을 존중하기로 했다.

군대이야기와 연애이야기는 종종 "나만큼(혹은 우리만큼) 사연이 많은 경우는 없지!"라고 시작하는 경우가 많다. 우리 역시 그 누구의 장거리연애보다 더 힘들고 애틋했다. 그와 내가 위치한 한국-미국 시차 17시간에, 인터넷이나 유선통화가 어려운 환경까지 겹쳤기 때문이다. 우리나라와 다르게 미국은 도시를 벗어나면 인터넷은커녕 휴대폰 신호도 잡히지 않는 경우가 많은데, 당시 그가 걷고 있는 CDT는 심지어 산간 오지 같은 지역이라 4-5일씩 연락이 안 되는 경우가 허다했다. 물론 그는 산속에서 인터넷이 아주 잠시라도 연결되면 나에게 1순위로 연락을 해주었고, 마을에서 휴식을 취하는 날은 그간 못했던 이야기들을 길게 나누었다. 그렇다 해도 연애를 갓 시작한 연인들이 그렇듯 그 시간은 짧게만 여겨졌다. 게다가 사막 구간은 물론, 눈이 무릎 또는 허리까지 쌓인 구간을 걷는 때도 있다 보니 그에게서 연락이 오기를 기다리며 그가 부디 안전하게 마을로 복귀하기를 애타게 기도하는 날도 있었다.

그의 의도와 무관하게 연락을 못하는 상황에서 재촉을 할 수도, 답신 없는 메신저에 매일같이 혼자서 연락을 남겨둘 수도 없었다. 이런 상황을 미리 예상했던지라 그가 CDT를 걷기 위해 미국으로 향한 날부터 나는 매일 손글씨로 편지를 쓰고 사진을 찍은 뒤 그에게 보냈다. 제한된 크기의 종이 한 장에 하루 동안 있었던 일들, 감정들, 그에 대한 그리움 등을 빼곡히 적어 내려갔다. 하고 싶은 이야기가 많아도 딱 하루 한 장의 편지에 모든 것을 담아내기 위해 내용을 간추렸다. 그는 편지를 통해 나의 일상을 함축적으로 이해해갔다. 그러다 보니 4-5일마다 연락을 해도 단절감이나 외로움을 느끼기보다는 항상 그와 연결되어 있다는 느낌이 들었다.

그의 이야기와 사진, 영상 등을 통해 장거리하이커의 삶을 알아갔지만, 그와 함께하는 시간이 많아질수록 장거리하이킹에 대한 나의 궁금증은 더욱 커졌다. 더불어 PCT라는 장거리하이킹을 이미 끝냈음에도 불구하고 다시 새로운 장거리하이킹에 도전한 그를 더욱 이해하고 공감하기 위해서 나도 그 문화를 직접 경험해보고 싶었다. 게다가 그를 보고 싶은 마음까지 더해져 자연스럽게 여름 휴가지를 미국의 자연으로 결정하게 되었다. 그때의 경험이 씨앗이 되어 결국 그와 함께 세계를 여행하기로 결정했고, CDT의 절반가량인 2,000km를 걸었다. 또한 이번 AT 대장정에도 함께 하게 되었다.

AT는 미국의 대표적인 3대 장거리트레일 중 하나로, 애팔래치아 산맥이 뻗어있는 모양대로 미국 동부의 남북을 길게 가로질러 걷는 총 거리가 3,500km에 이른다. 이 장거리트레일은 남쪽으로는 조지아(Georgia) 주의 스프링어 마운틴에서 시작하여 북쪽으로는 메인(Maine) 주의 마운트 카타딘(Mount Kathadin)에서 끝나는 대장정의 길이다. 처음부터 이 트레일이 3,500km의 기나긴 길은 아니었다. 애팔래치아 산맥을 중심으로 나있는 수많은 짧고 긴 트레일들을 관통하는 하나의 트레일을 만들고자 하는 움직임으로부터 이 길은 시작되었다. 지금도 어떤 이들은 일부 트레일만, 어떤 이들은 AT 전 구간을 즐기고 있다. 그러다보니 매년 수만 명의 하이커들이 이 대자연을 찾는다.

2017년은 AT가 조성된 지 80주년이 되는 해였다. AT 이후 미국에는 PCT(Pacific Crest Trail), CDT(Continental Divide Trail) 등 여러 장거리트레일이 만들어졌는데, PCT, CDT, AT, 이 세 개의 트레일을 모두 완주한 하이커에게는 트리플크라운(Triple Crown)이라는 명예가 부여된다. 희종의 경우 2015년에 PCT, 2016년에 CDT를 걸었기 때문에 트리플크라운을 위한 마지막 행보로 AT가 남아있었다. 그의 트리플크라운을 위해서, 그리고 나 역시 장거리트레일을 처음부터 끝까지 제대로 걸어보고자 하는 욕심에 이 길을 걷기로 했다.

AT 남쪽 시작점인 스프링어 마운틴은 우리가 묵고 있던 조지아 주의 대도시인 애틀랜타(Atlanta)에서 약 160km가량 떨어져있어 아침 일찍부터 움직여야 했다. 아침부터 구름이 잔뜩 껴있던 날씨는 우리가 스프링어 마운틴에 도착할 무렵 장대비로 바뀌었다. 미국 동부는 우리나라와 기후가 비슷하여 비가 자주 온다는 이야기를 미리 들은 터였으나, 첫날부터 비가 내리니 바짝 긴장이 되었다. 그도 그럴 것이 이곳은 0km부터 시작하여 3,500km라는 숫자를 만들어 가게 될 내 여정의 시작점이었고, 희종에겐 트리플크라운을 위한 마지막 발걸음의 시작점이었기 때문이다. 무엇보다 우리 두 사람의 신혼여행의 또 다른 막이 시작되는 순간이었다. 두근두근, 심장이 두 방망이질을 쳤다. 3,500km의 여정동안 우리 앞에 어떤 길이 펼쳐질지, 평소 내가 알지 못했던 나를 어떻게 마주하게 될지, 이 길에서 내가 얼마나 많은 성장을 하게 될지 벌써부터 궁금해졌다.

행복해지는 법을
아무도
가르쳐주지 않아서

(Day 4 / 28.8km, Hogpen Gap-Cheese Factory Camp Site / Total 90.08km)

　장거리하이커는 크게 쓰루하이커와 섹션하이커, 두 가지로 분류된다. 쓰루하이커(Thru-hiker)는 한번에 전체 여정을 모두 걷는 하이커를 지칭하고, 특정 구간으로 나눠서 걷는 하이커들은 섹션하이커(Section-hiker)라 한다. 섹션하이커의 경우 자신의 상황에 맞춰 걷다 보니 딱히 '시즌'이라 불릴만한 특정 출발일이 없다. 반면 남쪽에서 시작하여 북쪽을 향해 걷는 노보 쓰루하이커들은 일반적으로 3월 초~4월 중순 이전에 장거리하이킹을 시작한다. 아무래도 3,500km의 전체 구간 동안 날씨가 제일 좋은 시기이기 때문이다.

　우리는 중남미 자전거 여행을 하던 도중 AT를 걷기 위해 미국 동부로 바로 이동하게 되었는데, 이 시기에 '2017년 장미대선'이 치뤄지게 되었다. 우리는 대한민국 국민으로서의 권리를 놓치고 싶지 않아 애틀랜타 시내에서 재외국민투표를 한 뒤 4월 27일, AT 여정을 시작했다.

　다른 하이커들보다 조금 늦은 출발이다 보니 우리의 길은 조금 외롭게 느껴졌다. AT를 시작하기 전, 이 길은 미국의 장거리트레일 역사와 문화가 시작된 곳이라 정말 많은 이들이 이 여정을 경험하기 위해 찾는다고 들었다. 또한 AT를 걷게 되면 매일같이 수많은 하이커들을 만나고 트레일매직(Trail Magic, 일반인들이 자발적으로 하이커들을 위해 음식, 숙식 등을 제공해주는 것)을 자주 만나게 될 것이라고 들어왔다. 하지만 AT를 걷기 시작한 지 나흘 동안 우리 둘만 걷는 시간이 더 많았고 트레일매직도 만나지 못했다.

그런 우리에게 드디어 첫 트레일친구가 생겼다. 우리와 앞서거니 뒤서거니 하며 걸으면서 만난 해리(Harry)라는 이름의 청년은 녹색 티셔츠를 입고 녹색 계열의 배낭과 신발을 신고 있었다. 우리 부부는 그를 '그린맨(Green Man)'이라 이름 지었다. 실제로 생김새, 옷차림 등의 특징들을 통해 주위 친구들로부터 트레일네임을 부여받는 경우가 많다. 보스턴 출신인 그 친구는 대학교 입학 직전, 그간 꿈꿔왔던 AT에 도전하며 고등학교의 마지막 순간을 의미 있게 보내고 있었다.

우리 셋은 한참을 함께 걷다가 마주한 쉘터(Shelter, 숲속에 설치된 쉼터 공간으로 나무로 만들어진 곳에서 잠을 잘 수도 있고, 주위에 정비된 텐트사이트도 있다)에서 잠시 휴식을 취하며 이야기를 계속했다. 그는 희종의 트리플크라운에 대한 이야기를 듣고 몹시 놀라며 관심을 보였다. 겨울스포츠를 좋아한다는 그에게 2018년에 우리나라에서 개최되는 평창 동계올림픽과 패럴림픽에 대한 이야기도 들려주었다. 우리 부부는 쉘터에서 휴식을 취한 뒤, 좀 더 걸은 뒤 오늘 야영지를 잡을 생각이었지만, 해리는 그 쉘터에서 자고 가겠다고 해서 짧은 만남을 뒤로하고 헤어져야 했다. 하이커들은 길 위에서 만나고 또 자연스레 길 위에서 헤어진다. 속도나 목표를 강요하지 않고 서로를

존중해준다. AT에서 처음 사귄 트레일친구와의 만남은 짧았지만, 언젠가 다시 트레일에서 만날 것이라는 것을 알기에 아쉬워하기보다는 훗날의 만남을 기약했다. 우리 인생도 트레일에서 만나는 인연과 다를 바 없음을 새삼 느끼게 되었다.

첫 번째 트레일매직도 만났다. '갭(gap)'은 AT에서 자주 발견할 수 있는 지명 중 하나로, 산과 산 사이의 지형을 의미한다. 갭에 도착했다는 것은 '산 하나가 끝났다'를 의미함과 동시에 '다른 산 하나가 시작된다'는 것을 의미하기도 한다. 갭에 도착하여 다음 산으로 가던 찰나 갭에 위치한 트레일헤드(Trail Head, 트레일이 시작되는 지점) 표식 앞에 무엇인가가 놓여있는 것이 보였다. 누군가가 두고 간 비닐 지퍼백이었다. 그 속에는 진통제, 연고, 밴드, 소독솜 등 각종 비상약과 초콜릿 몇 개가 들어 있었다. 사람을 직접 만나 전해 받은 것도, 엄청나게 대단한 것도 아니었지만 트레일을 걷는 하이커들을 위한 누군가의 따뜻한 손길을 느낄 수 있었다.

처음 트레일친구를 사귀고 처음 트레일매직을 만나 AT의 첫 기억들을 만들어 가다보니 희종이 쓴 PCT 종주기 『4,300km』의 한 구절이 생각났다.

> 첫날. 첫 캠핑. 첫 PCT. 인생에서 첫날의 기억들은 어떠할까? 내 인생에서 가장 먼저 남아있는 기억. 내 기억 속의 첫 장면. 내 기억 속의 첫 부모님 나이⋯. 첫날의 기억들은 수도 없이 많다. 오늘의 이 기억도 조금 있으면 멋지게 포장될 것을 안다. 그때의 감정이 아닌 그때를 생각하며 지금의 감정을 표현하며 꾸며대는 것일 수도 있다. 그렇게 기억은 추억이라는 이름으로 미화될 것이다.
>
> – 양희종 『4,300km』

나의 첫 기억은 무엇일까. 기억의 흐름을 거슬러 올라가면 나의 삶에서 어떤 것을 처음으로 기억하고 있을까. 나의 첫 기억을 찾아내는 것은 생각보다 쉽지 않았다. 한참을 고심하다가 생각해 낸 것은 대여섯 살 때 가족과 함께 남한산성 근처 계곡에 놀러갔던 기억이었다.

계곡에서 물장구를 치다가 물 위에 떠있는 소금쟁이를 먹을 뻔했던 기억이 떠올랐다. 그러나 그 기억을 계속 되짚어보니 그것은 스스로가 떠올려낸 기억이 아니라, 어렸을 때 찍어두었던 사진으로부터 비롯된 기억이었던 것 같다.

첫 기억을 떠올렸다가 '이것이 아닌가?'라고 번복하는 과정을 몇 차례 겪다 보니 나의 기억력에 근거하여 순수하게 내 머릿속에 남아 있는 기억들을 찾아내기 어려웠다. 삶의 '첫 기억'뿐 아니라 지금까지의 삶을 돌이켜볼 때 대부분의 기억은 누군가로부터 들은 이야기 혹은 사진, 영상 등에 의존한 것으로 여겨졌다. 동시에 그 당시에는 제법 선명하고 소중한 기억이었는데, 점점 시간이 지나며 잊힌 것이 태반이었다. 초중고등학교, 대학교 때의 일들이 잊히고 기억이 조각조각 흩어져 버렸다. 그 조각들은 과연 어디로 가버린 것일까?

우리는 새롭고 강렬한 경험을 추구하고 오래 기억하고 싶어 한다. 하지만 금세 다른 기억들에 밀려버리곤 한다. 그래서인지 이번 AT를 걷는 지금의 기억들을 잘 간직하고 생생히 기억하기 위해, 경험하고 느끼는 것들을 차곡차곡 잘 쌓아두고 싶다는 생각이 들었다. 10년, 20년, 50년이 지났을 때 남겨진 사진만으로 AT를 기억하기보다는 나의 머리와 가슴 속에 새겨진 것을 기억할 수 있기를. 그리고 그 하루하루가 빛나는 순간이었고, 나를 성장시킨 순간이었다고 기억할 수 있기를.

미국 동부에 위치한 AT는 우리나라의 산을 걷는 것과 비슷한 느낌이었다. 울창하게 자란 나무들과 그로인해 우거진 숲, 그리고 무엇보다 푸르른 색이 닮았다. 작년에 우리가 함께 걸었던 CDT에는 스위치백(switchback, 능선을 따라 지그재그로 올라가는 방법)이 많았던 반면, AT는 높은 곳을 향해 짧은 거리로 치고 오르는 방식이 많아 경사가 가파른 구간도 종종 우리 앞에 나타났다. 그것도 오르막과 내리막 이후에 평평한 구간이 이어지는 것이 아니라, 하루에도 오르막내리막을 수없이 계속해야 하는 방식이었는데, 이러한 점 역시 우리나라의 산과 비슷했다. 사진을 찍어 SNS에 업로드한 것을 보고 친구들은 이렇게 말했다.

"미국 하이킹을 하는 게 아니라 지리산이나 설악산에 간 거 아냐?"

AT가 지나는 14개의 주 중 첫 번째인 조지아의 AT에서 가장 높은 산인 블러드 마운틴(Blood Mountain, Georgia, 1,337m)도 정상 막바지 구간에 가파른 경사가 등장했다. 거친 숨을 내쉬면서 오르막을 올라 정상에 도착했는데, 발밑으로 빽빽하게 구름이 덮여있어 정상에서 내려다보일 만한 풍경이 보이지 않았다. 우리의 아쉬운 마음을 알

아챈 걸까. 바위로 이루어진 정상에 앉아 땀을 식히고 있다 보니 어느새 저 멀리서부터 구름이 걷히고 푸른 하늘이 등장했다. 그리고 울창하게 우거진 나무들이 만들어낸 녹색 산들이 겹겹이 싸여있는 멋진 풍경이 눈앞에 펼쳐졌다.

AT는 지리적인 특색 외에도 기후 역시 우리나라와 비슷한 면이 많다. 미국 동부에 위치한 AT는 비가 잦은 편이고 꽤나 습한 환경이었다. AT를 걸은 지 며칠 안 되었지만 거의 매일같이 비를 만났다. 조금씩 떨어지는 가랑비부터 맞으면 아플 정도의 굵은 빗줄기까지, 비가 온 날보다 오지 않은 날을 세는 것이 빠를 정도였다.

비를 맞는 것은 어느 때가 되었든 유쾌한 경험은 아니지만, 마을로

행복해지는 법을
아무도
가르쳐주지 않아서

가기 위한 히치하이킹을 하는 날에는 더더욱 피하고 싶어진다. 장거리하이커들은 3-5일에 한번씩 트레일을 벗어나 인근 마을로 내려간다. 식량을 보급하거나 샤워를 하고 호텔이나 호스텔의 포근한 침대에서 잠을 청하며 휴식을 취하기 위해서이다. 마을이 위치한 곳에 따라 다르지만 대개의 경우 히치하이킹을 통해 차량을 얻어 타고 마을로 내려가게 된다. 비가 내리면 시야 확보가 잘 되지 않아 운전자가 우리를 알아보기 힘들다. 게다가 축축하게 젖어있는 사람들을 자신의 차량 뒷좌석에 태우려는 사람들은 더욱 적다. 그렇기 때문에 히치하이킹을 할 때만은 비가 오지 않기를 바라는 마음이 간절하다.

AT 여정에서의 첫 마을인 하이와아씨(Hiawassee, Georgia)에 가기로 한 날은 아침부터 비가 계속되었다. 아니 좀 더 정확히 말하면 전날부터 밤새 천둥번개와 함께 텐트를 강하게 치던 빗줄기가 계속 이어졌다. 텐트를 걷고 출발을 해야 하는데 '과연 오늘 걸을 수 있을까?' '그냥 텐트에서 쉬는 게 나으려나?' 사이에서 고민이 되었다. 그러다 오전 중으로 16km정도만 걸으면 마을에 갈 수 있는 도로에 도착할 수 있을 것이라는 생각으로 힘을 내서 움직여보기로 했다. 본격적으로 하이킹을 시작했는데도 비는 도무지 멈출 생각이 없어 보였다. 때로는 비바람이, 때론 우박이, 때론 폭우가 쏟아졌다. 이미 온몸이 젖은 상황이었지만 어딘가에 앉아서 쉬기도 어려웠다. 잠시 멈춰서서 휴식을 취하면 순식간에 체온이 뺏겨 몸에 한기가 돌기 때문이었다.

걷다보니 천만다행으로 비가 멈추고 서서히 날씨가 개기 시작했다. 배낭은 물론 머리부터 발끝까지 젖어있던 우리의 몸도 어느 정도 마르기 시작했다. 다행히 '물에 홀딱 젖은 생쥐 꼴'은 면한 것이다. 하지만 여전히 축축한 몰골이었다. 우리는 과연 히치하이킹에 성공할 수 있을지 의문을 가진 채 도로 위를 달리는 차량들을 향해 쭈뼛거리며 손을 뻗었다. 얼마 지나지 않아 차 한 대가 우리 앞에 멈췄다.

"하이와아씨에 가니? 지저분하지만 타."

차의 주인은 선뜻 우리를 차량에 태워주었다.

"미안해. 오늘 아침부터 비가 많이 와서 우리가 좀 지저분해."

"괜찮아. 내 차가 그다지 깨끗한 것도 아니니까. 그리고 그건 하이커만이 누릴 수 있는 행복이잖아."

돈(Don)이라는 아저씨의 차 속에는 다양한 하이킹 장비들은 물론 AT 가이드북도 있었다. 전 구간을 걸은 것은 아니지만 AT구간을 종종 하이킹 한다는 아저씨는 우리의 눅눅함을 배려해주었다. AT 전 구간을 걷기 위해 멀리 타국에서 왔다는 우리 이야기에, 자신은 아직 용기가 없어 시도하지 못한 일을 도전한다며 우리를 격려하고 응원해주었다. CDT 이후 오랜만에 히치하이킹을 했는데, 마음씨 따뜻한 아저씨를 만나니 마을에 가는 기쁨이 배가 되었다. AT 첫 마을에 다다르기까지 비도 많이 맞고 고생을 했지만, 돈 아저씨 덕분에 AT의 첫 마을 하이와아씨가 더욱 아름답게 여겨졌다. 동시에 우리가 앞으로 이 길을 걸으며 얼마나 많은 인연들을 만나게 될까 생각하니 공연히 마음이 설렜다.

(Day 7 / 30.4km, Bly Gap-Berry Creek Gap / Total 155.68km)

AT는 모두 14개의 주를 지난다. 그 중 첫 번째인 조지아 주를 걸을 때는 계속해서 날씨가 흐리거나 비가 내렸다. 하지만 첫 번째 마을 하이와아씨를 지나 테네시(Tennessee)와 노스 캐롤라이나(North Carolina)를 걷는 초반 며칠간은 날씨가 좋아 걷는 재미가 더해졌다. 걷는 거리를 조금씩 늘려 매일 30km가량 걷고 있는데, 다행히 몸이 잘 적응하여 컨디션도 좋은 편이었다. 푸른 하늘 아래, 사랑하는 이와 앞뒤에서 길을 걷는 지금이 무척 행복하게 여겨졌다. 불과 1년 전만 해도 내가 장거리하이킹을 하게 될 거라고는 생각도 하지 못했다. 물론 나는 여행과 산, 자연을 좋아하는 사람이었고, 당시 PCT에 이어 CDT라는 두 번째 장거리하이킹을 하고 있는 사람과 연애를 하고 있었지만 말이다.

장거리연애를 하던 당시에 나는 미국으로 여름휴가를 떠났다. LA에서 그와 감격스러운 재회를 한 뒤 내가 그토록 궁금해하고 그가 그토록 나에게 보여주고 싶어 했던 PCT 일부 구간을 경험해보기로 했다. 우리는 그 중에서도 마운트 휘트니(Mount Whitney, California, 4,421m)에 오르기로 했다. 주위에서는 휴가로 미국에 가서도 산에 오르냐며 신기해했다. 미국 본토에서 제일 높은 산인 동시에 멋진 풍경으로 명성이 자자한 그곳은 내가 정말 가보고 싶었던 곳이었다.

그와 함께한 산행이 첫 번째는 아니었다. 당시 우리는 연애한 지 2개월밖에 안된 커플이었지만, 이미 6년가량 알고 지낸 사이였고, 그간 산이며 바다며 참으로 많은 시간을 함께 보냈다. 물론 의남매처럼 친한 오빠동생 사이로 말이다. 나는 대학생 때 대외활동으로 대한산악연맹이 주관하는 '한국청소년 오지탐사대(이하 오지탐사대)' 활동을 했다. 2010년 중국 칭하이성 지역을 약 2주간 탐방 및 등반하는 활동이었다. 그 역시 2008년에 오지탐사대를 다녀왔던 터라 우리는 오지탐사대 OB모임에서 처음 만났다. 그 중에서도 성향, 취미, 관심사 등이 비슷해서 정말 친하게 지냈다. 나와 같은 팀으로 중국에 다녀온 창빈 오빠까지 세 명이 친남매처럼 지내며 많은 이야기를 나누고 수없이 많은 술잔과 추억을 나눴다. 함께한 시간이 쌓여가며 우리 셋 모두 대학생에서 직장인으로 역할이 바뀌었고, 직장과 사회에서 치이는 시간을 함께 보내며 서로 의지하였다.

2015년 PCT 하이킹을 마치고 온 그가 나에게 고백을 했다. 처음에는 장난인 줄 알았지만 그렇지 않다는 것을 알고 많은 고민을 했다. 나와 그의 인생에서 타이밍이 맞지 않았을 뿐이지 어느 정도 마음이 있었다던 그의 이야기를 간과할 수 없었다. 그렇다고 친오빠 같은 사람을 혹여 잃을 수도 있겠다는 생각에 섣부른 판단을 할 수도 없었다. 하지만 '지금, 여기에서 행복하자'라는 인생 모토에 따라 나는 큰 결단을 내렸고, 우리는 연애를 시작했다.

해발 4,421m의 마운트 휘트니를 오르며 그와 많은 이야기를 나누었다. 정상에서 일출을 보기 위해 새벽 1시에 출발을 한 우리 앞에는 지그재그로 올라가는 기나긴 길이 100여 개 놓여있었다. 서로의 헤드랜턴만이 길을 밝혀주는 암흑 속에서 그의 호흡소리와 나의 호흡소리를 들으며 산을 오르는 느낌이 묘했다. 앞서가던 내가 거친 숨을 내쉬며 잠시 멈추면, 이내 그도 멈춰 기다려주었다. 그리고 내가 다시 걷기 시작하면 그 역시 다시 걷기 시작했다. 재촉하거나 추월하지 않고 그저 묵묵히 기다려주고 함께 호흡하고 발걸음을 맞춰 가는 것. 그 순간 이것이 바로 누군가와 함께 하는 삶이라는 생각이 들었다.

6년간 봐왔던 그의 모습과 장거리연애 속에서도 더 가까워진 듯한 느낌, 현재의 행복을 추구하는 모습, 그리고 마운트 휘트니를 오르는 동안의 교감 등으로 나는 마운트 휘트니 정상에서 그가 한 청혼을 받아들였다. 휴가기간이 끝나면 우리는 또 각자의 트레일과 일터로 돌아가야 했고, 미국과 한국이라는 물리적으로 먼 거리를 떨어져 지내야 했지만, 그에 대해 그리고 나에 대해, 무엇보다 '현재 행복한 것이 우선이다'라는 신념을 믿어보기로 했다. 그리고 형식보다는 당사자인 두 사람이 제일 중요하다고 생각한 우리는 마운트 휘트니에서 우리만의 결혼서약을 통해 그날을 우리의 결혼식 날로 여기기로 했다.

그 전까지도 '하루하루 행복한 삶을 살자'는 삶의 모토로 지내왔던 나는 비슷한 성향의 사람을 만나 예전보다 조금 더 '매일의 행복'을

행복해지는 법을
아무도
가르쳐주지 않아서

중요시 여기는 사람이 되었다. AT 길 위에서도 나름의 고민과 걱정거리는 있지만, 고민거리의 유무가 행복을 가늠하는 것은 아니기에 괜찮다. 게다가 현재를 치열하게 살아가고 있는 또래에 비해 내가 감당해야 하는 무게가 적어서 괜찮다. 그곳이 어디든 매일매일 숙면을 취하고, 매번 비슷한 식량이지만, 끼니때마다 맛있게 밥을 먹고, 공기 좋고 물 좋은 곳에서 사색하며 아름다운 풍경을 걷고, 무엇보다 사랑하는 사람과 같은 시간과 공간을 공유하며 지내는 이 시간들이 참 행복하게 느껴진다. 몸과 마음이 건강하게 현재를 살아가고 있음이 느껴진다. 누군가는 별것이 아니라고 여길 수도 있다. 이런 삶 또한 정답이 아니기 때문에 언젠가는 나 스스로가 아쉬움을 토로할 수도 있다. 하지만 일단은 지금 현재, 그와 내가 원하는 삶의 방향대로 살고 있어 참 다행이다. 무엇보다 내가 어느 순간 행복한지 알려준 이 길이 참 고맙다.

행복해지는 법을
아무도
가르쳐주지 않아서

(Day 10 / 19.84km, Wright Gap-Stecoah Gap+Robbinsville / Total 240.64km)

"이제 이렇게 21번만 더 하면 돼."

드디어 100마일을 넘었다. 우리나라는 km단위를 사용하지만 미국은 mile단위를 사용하는데, 지난 밤 캠핑을 했던 곳에서 조금 더 오르막을 오르니 앨버트 마운틴(Albert Mountain, North Carolina, 1,600m)이 등장하고 '100miles'라는 표시가 되어 있었다. 전체 약 2,200마일(3,500km)의 AT 여정에서 100마일을 끝냈으니, 이렇게 21번만 더 걸으면 된다는 그의 말에 '피식' 하고 웃음이 났다. 전체 거리에 비하면 우리가 지금껏 걸은 거리는 아주 일부분에 불과하지만 한 꼭짓점을 끝냈다는 뿌듯함이 올라왔다.

애팔래치아 산맥을 경계로 테네시와 노스캐롤라이나 두 주가 나뉘지기 때문에 요 며칠 동안 어느 순간은 테네시를, 어느 순간은 노스캐롤라이나를 걸었다. 새로운 주로 넘어오면서 며칠간은 날씨가 좋았는데, 또 다시 비오고 습한 날씨가 연속으로 이어졌다.

어느 날 아침, 날이 밝았지만 밤새 텐트를 강하게 내리치던 비는 그치지 않았다. 전날에도 이미 비를 맞아 잔뜩 젖었던 옷들은 아침이 되도록 하나도 마르지 않았다. 젖은 옷을 다시 입고 걸을 생각을 하

니 몸이 으슬거리는 듯했다. 게다가 비는 멈출 기미가 전혀 없어 보였다.

"오빠, 날씨가 이래도 우리 걷는 게 맞는 거겠죠?"

"일단 조금 더 가서 쉘터 같은 곳에서 쉬는 게 낫지 않을까? 비는 계속 온다고 했던 거 같은데, 혹시 너무 걱정되면 비가 멈출 때까지 그냥 여기서 기다려볼까?"

결정을 해야만 했다. 모든 것이 이미 축축하게 젖어있는 상황이라 텐트 친 곳에서 쉬는 것은 그다지 쾌적하지 않았다. 일기예보 상으로는 계속 비가 이어진다고 해서 한번 걷기 시작하면 또 얼마큼을 걸어

행복해지는 법을
아무도
가르쳐주지 않아서

야 할지 애매했다. 일단 걷기 시작하면 체온이 떨어지지 않도록 쉬지 않고 열심히 걸어야 한다. 고민 끝에 텐트를 정리하고 트레일로 나서기로 했다. 움직이면 조금씩 몸에 열이 나기 때문에 조금만 참고 걷기로 하였다. 비가 제발 그쳐주길 바라며.

비를 맞으며 열심히 걷고 있는데 엎친 데 덮친 격으로 우리가 가지고 있는 식량이 부족할 것 같다는 생각이 문득 들었다. 우리 부부의 식단은 비교적 간단하다. 그는 오랜 기간 아침식사를 걸러왔다고 했다. 하지만 아침식사를 꼬박꼬박 챙겨먹어야 하는 나를 따라 요즘에는 피넛버터를 바른 식빵 두 쪽을 아침으로 먹는다. 점심 역시 식빵과 피넛버터를 먹고 그 전후로 초콜릿, 과자 등의 행동식을 챙겨먹는다. 그리고 저녁은 대부분 라면이나 건조쌀을 이용하여 밥을 만든 뒤 참치나 햄 같은 것을 넣어 비빔밥을 만들어 먹는다. 아무래도 3-5일 치의 식량을 짊어지고 하이킹을 해야 하기 때문에 먹고 싶은 것을 먹기보다는 가벼운 것, 그리고 조리하기 간편한 것을 식량으로 챙기게 된다.

3-5일치 준비한 식량이 소진될 때쯤, 다시 마을로 내려와 식량을 재보급한다. 현재 남아있는 식량을 생각해보니 다음 마을에 가기 전까지 저녁식사 한 끼, 행동식 두 끼 정도가 부족한 상황이었다. 며칠 동안 지속된 비 때문에 예상만큼 속도를 내지 못한 것이 화근이었다. 물론 아껴먹고 상황에 따라서는 굶으면 다음 마을까지 갈 수 있지만, 워낙 먹는 것의 중요성을 잘 알고 무엇보다 식량의 양에 따라 심리적

인 안정감이 달라지는 나의 상황에서는 꽤나 민감한 문제였다. (트레일을 걸으면서 내가 먹는 것에 꽤 예민해 한다는 걸 알게 되었다.) 지도를 보아하니 오후 즈음에 로빈스빌(Robbinsville, North Carolina)이라는 마을에 가는 도로를 만날 수 있었다. 우리가 원래 가려던 마을은 아니었지만 부족한 식량을 구할 수 있는 방법이었다. 물론 비가 오는 가운데 계속 걸어야 하는 큰 문제가 남아있기는 하지만.

고심 끝에 우리는 결국 비를 뚫고 계속 걸어 마을에 가기로 했다. 간신히 히치하이킹을 하여 마을에 도착 후, 식량을 구입했다. 혹시나 하는 마음으로 마을의 호텔 비용을 알아보았는데 로빈스빌은 비교적 작은 마을이라 호텔도 2-3개뿐이고, 하룻밤 숙박비가 최소 85달러로 상당히 비싼 편이었다. 부담스러운 호텔 비용 때문에 다시 트레일로 되돌아갈까 싶었지만 발이 쉽게 떨어지지 않았다. 비는 여전히 그칠 기미를 보이지 않았고 며칠째 비를 맞아서인지 머리가 띵하고 열이 오르는 것이 감기에 걸린 듯한 느낌이었다. 호텔이든, 산 근처의 호스텔이든 오늘은 뜨끈한 물로 샤워하고 따뜻한 이불 속에서 자고 싶었다. 이 사실을 그에게 말해야 하나 어찌해야 하나 고민을 하다가 용기 내어 말했다.

"컨디션 때문에 오늘 캠핑은 좀 힘들 것 같아요. 비싸긴 해도 호텔이나 호스텔에서 묵으면 안 될까? 감기 기운이 좀 있는 것 같아서요."

공동으로 비용을 지불해야 하는 입장에서 나의 컨디션 난조로 값비싼 호텔을 이용하자는 것이 조금은 미안하게 느껴졌다. 그렇다 해

행복해지는 법을
아무도
가르쳐주지 않아서

도 감기 기운이 더 심해져서 쉬어야 하는 날이 많아지는 것보다는 나을 것 같았다. 다행히 그는 나의 상황을 이해해주었다. 오히려 컨디션이 좋지 않으면 진즉 이야기하지 그랬냐며 숙소를 더 열심히 알아봐주었다.

"사실은 나도 마을에서 쉬고 싶었어."

혹여 내가 마음을 쓸까봐 짐짓 너스레를 떠는 그가 고마웠다. 물론 그의 컨디션이 좋지 않은 상황이었다면 나도 똑같이 행동했겠지만 내가 괜한 걸 걱정했나보구나 싶었다. 우리가 신혼이어서 서로를 이해하고 배려하는 것이 아니라 함께 사는 평생 동안 이랬으면 좋겠다는 생각이 들었다.

드디어 우리는 로빈스빌의 안락한 호텔에 여장을 풀었다. 따뜻한 물로 오랫동안 샤워를 하고 두툼한 침대, 푹신한 이불 속에 누우니 이보다 더 좋을 순 없었다. 평상시에는 지극히 일상적인 샤워와 침대가 이렇게 소중한 것인지 새삼스레 느껴졌다. 평소 같았으면 깨닫지 못했을 소소한 행복을 이렇게 경험하게 되니 감사한 마음이 절로 들었다. 나는 예정에 없던 숙박에 대한 미안함을 만회하기 위해 테라플루를 자주 끓여 마시며 감기 기운을 털어내려 애썼다.

(Day 13 / 26.24km, Spence Field Shelter-Clingmans Dome+Gatlinburg / Total 318.88km)

AT를 걸었던 하이커들은 그레이트 스모키 마운틴스 내셔널파크 (Great Smoky Mountains National Park)를 AT구간 중 가장 아름다운 곳 중 하나로 손꼽곤 한다. 겹겹이 둘러싸인 산세, 그곳을 빠져나가 지 못하는 구름과 안개가 자아내는 풍경이 장거리하이커들은 물론 일 반인들에게도 유명한 곳이다. 게다가 그곳은 식물학자들이 '가장 아 름다운 중생식물군의 보고'라 부르는 곳이었고, 곰을 포함해 여러 종 의 동물과 다양한 식물이 서식하는 곳이라 했다. 그 명성을 익히 들 었던 터라 AT를 시작하기 전부터 많은 기대를 했던 곳인데, 드디어 입성하게 된 것이다.

AT에서 그레이트 스모키 마운틴스 내셔널파크가 시작되는 지점은 폰타나 댐(Fontana Dam)이다. 왼쪽으로는 가파른 경사의 댐이, 오른 쪽으로는 거대한 호수가 펼쳐져 있어 더욱 웅장해 보이는 폰타나 댐 위를 건넌 뒤 서서히 경사가 시작되는 산을 오르기 시작했다. 숨을 가쁘게 내쉬면서 도이 놉(Doe Knob)에 올라 마시는 시원한 음료수는 정말 꿀맛이었다. 탄산음료, 특히 콜라를 좋아하는 희종은 3-5일치 의 식량을 챙기면서도 콜라 챙기는 것을 잊지 않는다. 트레일 위에서 피넛버터가 나에게 소화행의 일부라면, 그에게는 콜라가 그런 셈이다. 오늘도 콜라 한 캔을 마시며 살랑살랑 불어오는 바람에 오르막에서 흘린 땀을 식혔다. 이 짧고 달콤한 휴식은 하이킹을 해본 사람만이 느낄 수 있는 즐거움 중 하나일 것이다.

그레이스 스모키 마운틴스 내셔널파크를 걷기 시작하면서부터 우리는 하루를 조금 더 일찍 시작하기로 했다. 이곳은 국립공원이라 지정된 쉘터, 혹은 그 쉘터의 텐트사이트에서만 잘 수 있는 규칙이 있다. 그러다보니 하루에 걸을 수 있는 거리가 쉘터의 간격에 따라 좌우되었다. 물론 쉘터는 자주 있는 편이긴 했지만, 우리가 평소 걸었던 거리보다 짧거나 조금 길어, 다소 애매한 간격으로 위치하고 있었다. 따라서 하루를 조금 일찍 시작하여 좀 더 긴 거리를 걷기로 한 것이다.

　　그레이트 스모키 마운틴스 내셔널파크의 첫날, 오후 5시 반이 되어 스펜스 필드 쉘터(Spence Field Shelter)에 도착했다. 그리고 다음 쉘터까지는 10km가량 더 걸어야 했다. 다음 쉘터까지 가게 되면 시간이 너무 늦어질 것 같았다. 하지만 다음날은 장미대선일이라 개표과정을 생방송으로 보고 싶었다. 게다가 이번 마을에서 제로데이(Zero Day, 하이킹 없이 휴식하는 날)를 가질 예정이었기 때문에, 오늘과 내일, 좀 더 고생하더라도 마을에 들어가는 시간을 당기고 싶었다. 그러니 좀 더 갈지 말지 고민에 빠질 수밖에 없었다.

　　쉘터 입구 쪽에서 간식을 먹으면서 고민을 하고 있던 우리는 쉘터

행복해지는 법을
아무도
가르쳐주지 않아서

쪽에서 나오던 하이커 한 명을 만났다. 그는 쉘터의 실내공간은 이미 사람들로 모두 찼고 텐트사이트밖에 남지 않았다고 말해주었다. 2-3일 정도 하이킹을 온 그는 우리가 하고 있는 장거리하이킹에 관심을 보이며 궁금한 것들을 물었다. 몸이 고단하다는 이유도 있었지만 그와 이야기하다 보니 시간이 늦어졌다는 것을 핑계 삼아 우리는 결국 스펜스 필드 쉘터에서 텐트를 치고 밤을 보내기로 했다. 그리고 다음날 약간의 무리를 해서라도 장거리를 걸어 마을에 도착한다는 목표를 세웠다.

다음날 새벽 6시 10분. 우리는 해가 뜨기도 전에 출발했다. 지금껏 가장 이른 시간의 출발이었다. 개틀린버그(Gatlinburg, Tennessee) 마을까지 갈 수 있는 도로를 만날 수 있는 뉴 파운드 갭(New Found Gap)까지 40km 가까이를 걸어야 했다. 게다가 뉴 파운드 갭에서 개틀린버그까지 히치하이킹을 하기 위해서는 어느 정도 이른 낮시간에 도착해야 했기 때문에 서둘러 출발한 것이다. 마치 트레일러닝을 하는 사람들처럼 분주하게 걷고 또 걸었다. 2시간가량 걷고 10-15분 정도 간식을 먹고 또 다시 걷기를 반복했다. 누군가 우리를 봤다면 '저 사람들은 왜 저렇게 바쁘게 갈까?'라고 생각했을 것이다.

오후 2시경 클링만스 돔(Clingmans Dome, Tennessee, 2,025m)에 도착했다. 이곳은 그레이트 스모키 마운틴스 내셔널파크에서 가장 높은 곳이자 AT 3,500km 중 가장 높은 곳이고, 테네시 주에서 가장 높은 지점이었다. 클링만스 돔에 설치되어 있는 전망대에 오르니 360

도로 주변을 볼 수 있었다. 발밑으로 삐죽삐죽 하늘을 향해 솟아있는 나무들과 저 멀리 지평선까지 겹겹이 존재하는 산들이 오묘한 광경을 만들었다. 거기에 새벽에 잠시 내린 비 때문인지 평소보다 더욱 깨끗하고 새파란 하늘까지 더해져 진풍경을 자아냈다. 클링만스 돔에서의 풍경을 즐기는 것도 잠시, 뉴파운드 갭까지 아직도 11km가량 더 걸어야 했다. 다시 트레일을 걷기 전에, 그간 쉬는 시간 없이 걷느라 오후 2시가 되도록 못한 점심식사를 하며 한숨 돌리기로 했다.

점심으로 베이글을 먹고 있는데 누군가가 우리에게 인사를 하며 다가왔다. 어제 쉘터 앞에서 만났던 친구였다. '새벽 일찍 출발한 우리도 이제야 이곳에 도착했는데 이 친구는 얼마나 일찍 출발한 것일까?' 의아했다. 듣자하니 차를 운전해서 클링만스 돔까지 왔다고 했다. (진이 빠질 수 있지만, 그렇다. 클링만스 돔은 차량으로 아주 간편히 오를 수 있는 곳이다.) 클링만스 돔 가까이에 있는 주차장에 차를 세워두었다는 이야기를 듣고 우리는 그에게 조심스레 물었다.

"정말 미안한데, 혹시 우리를 뉴파운드 갭까지 태워줄 수 있어?"

"미안해. 너네를 데려다주고 나면 내가 돌아갈 가스가 넉넉지 않아. 올라오기 전에 넣는 걸 깜빡했거든."

당연한 대답이었다. 방금 뉴파운드 갭을 돌아서 클링만스 돔까지 올라왔는데, 다시 그곳으로 데려다 줄 수 있냐고 묻는 우리가 염치가 없는 것일 수도 있었다.

"이곳 사람들은 다 친절하고 대부분 뉴파운드 갭이나 개틀린버그

행복해지는 법을
아무도
가르쳐주지 않아서

로 내려가니까 히치하이킹에 금세 성공할 수 있을 거야. 좋은 하이킹 돼!"

"고마워! 만나서 반가웠어!"

인사를 하고 떠난 그가 5분도 채 안 돼서 돌아왔다. 우리에게로 성큼 성큼 걸어오더니 이렇게 말했다.

"내가 마을까지 태워다줄게. 가자!"

무슨 일인가 싶었다. 그는 우리를 데려다주고 연료를 채워서 다시 올라오면 된다고 웃으며 말했다. 저스틴이라는 이름의 그는 노스캐롤라이나에 살고 있는데, 휴가차 그레이트 스모키 마운틴스 내셔널 파크에 놀러왔다고 했다. 우리와 헤어지고 난 뒤 계속 마음이 쓰여 다시 돌아와 태워주기로 했다고 했다. 자신은 기독교인인데, 항상 남을 도우면서 살라고 배웠다며 타인을 도울 기회를 놓쳐서는 안 된다는 생각이 들었다고 했다. 그 덕분에 우리는 손 한번 들지 않고 히치하이킹을 해서 마을로 올 수 있었다. 우리에게 선의를 베풀어 준 저스틴의 마음씀씀이가 고마웠다.

장거리트레일은 물론 세계여행을 하면서 많은 사람들의 도움을 받곤 한다. 본인의 목적지와 같은 방향의 경우 태워주는 운전자들이 대부분이지만, 저스틴처럼 자신의 목적지와는 전혀 다름에도 불구하고 차량에 태워주는 이들도 종종 만난다. 전혀 모르는 상대방을 자신만의 사적 공간이라 할 수 있는 차량에 태운다는 것, 그리고 거리가 짧든 길든 그 시간동안 낯선 이와 함께 해야 한다는 것은 단지 선의로

만 할 수 있는 일은 아니라 생각된다. 이는 용기가 필요한, 결코 쉽지 않은 선택이다. 그것은 타인의 상황에 귀를 기울이고 그가 처한 상황을 주의 깊게 보는 마음의 눈이 열려있는 경우 가능한 선택이다. 초라한 몰골의 하이커들을 자신의 차에 태워주는 이들에게 감사하다. 그리고 그들의 선의와 용기에 박수를 보낸다. 작은 나눔으로 행복을 느끼는 사람들이 많은 덕분에 아직 세상은 살만 곳이라고 여겨진다. 나도 그들처럼 타인을 향한 마음의 눈을 열어두길 다짐해본다.

(Day 15 / 16km, Clingmans Dome-Icewater Spring Shelter / Total 334.88km)

테네시 주에 위치한 개틀린버그에서 AT의 첫 제로데이를 보내고 마을을 떠나 다시 트레일로 복귀하는 날이 되었다. 보통의 AT 하이커들은 클링만스 돔에서 뉴파운드 갭으로 걸어온 뒤, 그곳에서 히치하이킹을 하여 테네시 주의 개틀린버그나 노스캐롤라이나 주의 체로키(Cherokee)로 가곤 한다. 하지만 우리는 클링만스 돔에서 저스틴의 도움으로 차를 타고 내려왔다. 그리고 트레일로 복귀하기 위해서는 다시 클링만스 돔으로 올라가야 했다. 여기서 우리는 또 다시 고민에 빠졌다. 개틀린버그에서 차량으로 클링만스 돔을 가기 위해서는 무조건 뉴파운드 갭을 지나야 한다. 하지만 클링만스 돔에서 다시 걸어서 뉴파운드 갭을 지나 AT 북쪽을 향해 걷게 되기 때문이다. 이 길을 건너뛰고 뉴파운드 갭부터 걷느냐, 아니면 클링만스 돔에서 뉴파운드 갭을 지나 온전히 걷느냐.

사실 장거리하이킹을 하면서 하나도 놓치지 않고 걷겠다는 사람도 있고, 일부 구간을 점프하는 사람도 있다. 이 길을 어떻게 걷느냐는 본인의 선택일 테지만, 일부 구간을 점프하는 사람들을 어찌 봐야 하는지에 대해서는 의견이 분분하다. 일부 구간을 건너뛰는 사람들을 쓰루하이커로 볼 수 있느냐 없느냐 하는 문제는 실제로 장거리하이킹과 관련된 SNS 커뮤니티에서 종종 제기되는 이슈이다.

1km도 빼놓지 않고 걸은 사람만이 쓰루하이커라고 불릴 수 있는 걸까? 각자의 상황과 환경이 다르고 각각의 사연이 있을 수 있으니 일부 구간을 점프한 사람도 쓰루하이커라 할 수 있을까? 만약에 그렇다면 1km 점프한 사람과 3,000km 점프한 사람을 같은 기준으로 봐야 할까? 이 문제에 대해서 나름의 답을 찾아보려 했지만 도돌이표처럼 질문이 계속 반복되었다. 또한 사람들마다 의견이 다르다보니 답을 내리기 더 어려운 문제였다.

미국의 3대 장거리트레일을 모두 완주한 사람들은 각각의 트레일을 종주했다는 타이틀 말고도 2,600miler, 2,000miler와 같은 타이틀을 부여받는다. 2,615miles의 PCT를 모두 걸은 사람에게 '2,600miler'라는 칭호를, 2,100miles의 AT를 걸은 이에게는 '2,000miler'의 칭호를 준다. 그리고 세 개의 장거리트레일 PCT, CDT, AT를 모두 걸은 사람에게는 '트리플크라운'이라는 명예가 부여된다. 이는 자발적인 신청 및 인증시스템으로 본인이 생각하기에 그 길을 모두 걸었으면 신청가능하다. 이때 언제 어디 구간을 걸었는지 인증자료를 내는 등의 별도의 확인절차 없이 인증을 완료해준다. 물론 최단 기간 내에 트레일을 모두 걸었다는 기록과 관련된 경우, 그간의 GPS값, 그 구간을 같이 걸은 사람에게 확인절차 등의 여러 가지 복잡하고 깐깐한 검증을 한다. 하지만 일반적인 경우 모두 개인의 양심에 맡긴다. 이것으로 일부 구간을 건너뛰는 것을 어찌 봐야 하는지에 대한 해답이 어느 정도는 되지 않을까? 무엇보다 그 길을 얼마나 꼼꼼하게 걸었는지보다 길에 임하는 태도, 그리고 그 길을 어떻게 걸었는지가 제일 중요한 문제인 것 같다.

"Hike on your way(너만의 길을 가)."

장거리트레일을 걷는 하이커들끼리 종종 나누는 말이다. 장거리트레일은 그 어떤 경쟁도, 시합도 아니다. 이 길을 떠나오게 된 이유와 이 경험을 통해 얻고자 하는 것들이 모든 하이커마다 다르듯 이 길을 즐기는 방법도 모두 제각각이다. 물론 대부분의 하이커들이 추구하는 방법이 비슷하지만 자신만의 스타일과 신념을 가지고 '자신의 길'을 만들어 가게 된다. 이는 마치 한때 크게 유행했던 컬러링북과 같은 것이 아닐까 싶다. 기본 스케치가 되어있는 컬러링북에 누가, 어떤 색의 칠을 하느냐에 따라 제각각 다른 느낌의 그림이 완성된다. 3,500km AT라는 기본 스케치가 되어있는 곳에 하이커들이 각각 자신만의 색깔을 채워 나가는 것, 이것이 장거리하이킹이라 할 수 있다. 이렇듯 자신만의 길을, 자신만의 페이스와 자신만의 방법으로 가면 되는 것. 그것이 장거리트레일의 매력 중 하나라고 생각한다.

다시 우리의 이야기로 돌아와 클링만스 돔으로 다시 올라가느냐, 11km가량을 건너뛰고 뉴파운드 갭부터 시작하느냐 그것이 우리의 고민이었다. 클링만스 돔으로 올라가도 트레일은 뉴파운드 갭으로 연결되기에 어차피 다시 뉴파운드 갭으로 걸어 내려와야 했다. 뉴파운

행복해지는 법을
아무도
가르쳐주지 않아서

드 갭부터 걷는 것이 합리적인 생각일 수 있지만, 왠지 그 구간을 놓치기 싫었다. 혹여나 점프한 구간에 엄청난 풍경이 있으면 아쉬울 것 같았고, 그 길이 어려운 길도, 통제된 구간도 아니었기 때문이다. 이러고 보면 우리도 꽤나 원칙주의자라고 볼 수도 있겠다. 하지만 오해하지 말기를. 「인생극장」 못지않게 고민하고 결정한 우리니까.

(Day 17 / 20.48km, Cosby knob Shelter-Painter Branch / Total 387.04km)

아침이 밝았다. 대부분 내가 먼저 눈을 뜨게 된다. 텐트에서 그가 일어나길 기다리면서 인터넷을 통해 한국의 뉴스기사를 보았다. 그 중 상당수가 19대 대통령으로 당선된 문재인 대통령과 관련된 이야기였다. 우리 부부는 길을 걸을 때 다양한 주제로 이야기를 나누는데, 오늘 오전에는 '한국에는 이러이러한 일들이 있더라'라며 뉴스기사와 함께 그와 관련된 여러 이야기를 나누며 걸었다. 오늘 봤던 뉴스기사 중 고용안정화를 위해 문 대통령을 비롯한 여러 회사들의 움직임, 노동자의 이야기, 그리고 비정규직과 관련된 이야기를 조금 더 심도 있게 나누었다. 그러다 보니 자연스레 내 아빠와 관련된 이야기도 하게 되었다.

아빠는 그 누구보다 성실하게 일하셨지만 많은 월급과 다양한 복지 등 좋은 대우를 받는 직장인은 아니었다. 심지어 비정규직도 아니었지만 상당히 불안한 고용구조 속에서 근무하셨다. 게다가 한동안 회사와 노조 등 관련된 잡음에 시달리셨다. 그 모습을 지켜보면서 '일 잘하는 사람을 왜 괴롭힐까?'라는 분노와 '왜 아빠만 항상 당하는 것 같지?'와 같은 아쉬움이 있었다. 그리고 동시에 '나는 아직 어린 나이니까 어른 세상의 일은 몰라도 돼'라는 모순적인 마음에 일부러 모른 척하고 자라왔다. 사실 그렇게 어린 나이도 아니었지만 말이다.

뉴스에서 봤던 한국 사회 현실에서 시작된 우리의 대화는 자연스럽게 내 개인의 이야기로 이어졌다. 그것은 여느 때보다 좀 더 새로운 느낌으로 나에게 다가왔다. 예전 같았으면 전혀 생각하지 못했던 일이었다. 우리 집의 상황이나 아빠의 이야기는 전혀 잘못된 이야기도, 부끄러운 이야기도 아니었지만 타인에게 선뜻 이야기하기 어려웠다. 딱히 이야기를 하지 않아도 되는 부분이라 생각했고, 어쩌면 함구하고 싶은 이야기에 가까웠다. 그 누구도 나를 무시하거나 뭐라 하는 사람이 없었지만 아빠가 부당한 대우를 받는 것이 곧 내 가족의 약점이라고 생각했던 것 같다. 우리 사회의 문제를 개인의 잘못 혹은 약점으로 바라보지 않을까라는 두려움도 있었다. 누군가에게 지기 싫어하고 얕보이기 싫어하는 나의 성향에서 비롯된 '스스로의 덫'이었을지도 모르겠다. 이것은 비단 친구들에게만이 아니었다. 그간 사귀었던 사람들에게도 나의 깊은 내면을 쉽사리 오픈하지 못했다. 그러다보니 이런 점들을 극복하고 나의 일거수일투족을 알게 되는 '남편'을 맞이할 수 있을까라는 걱정을 한 적이 있는 것도 사실이다.

하지만 오늘 그와 이야기를 나누는 동안 이상하리만큼 마음의 부담이 없었다. 오히려 마음이 편했다. 트레일을 터벅터벅 걷고 있는 우리 두 사람의 발걸음 소리에 마음을 자연스레 열게 되는 느낌이었다. 별다른 다짐이나 각오 없이도 자연스레 그에게 이야기를 시작할 수 있었다. 동시에 내가 그간 지나치게 세상에 방어적인 자세를 가지고 있던 것은 아닐까라는 생각이 들었다. 이러한 마음의 변화는 하루만에 이루어진 것은 아닐 것이다. 지금까지 그와 연애를 하고 동고동락하는 여행을 하면서 쌓아온 관계가 얼음장 같았던 내 마음을 서서히 녹인 것 같았다. 나를 있는 그대로 바라봐주고, 내 모습 그대로를 좋아해주는 그를 보았기 때문일 것이다. 무엇보다 그러한 그를 믿기 때문이다. 나의 이야기에 진지하게 귀기울여주고 진심어린 말을 건네준 그에게서 따뜻한 마음을 느꼈기 때문이다. 나의 모난 모습을 다듬어주고, 나를 긍정적으로 변화시켜준 그가 고마웠다. 이렇게 나는, 우리는 길 위에서 조금씩 더 깊어지고 있었다.

행복해지는 법을
아무도
가르쳐주지 않아서

행복해지는 법을 아무도 가르쳐주지 않아서

(Day 18 / 32km, Painter Branch-Unnamed Gap / Total 419.04km)

구름 한 점 없이 맑은 날이었다. 매일의 날씨가 이랬으면 좋겠다는 생각으로 하루를 시작했다. 바람도 살랑살랑 불어와 기분 좋게 걷다 보니 어느새 우리 주위로 빼곡했던 나무들이 사라지고 수풀이 우거진 언덕이 등장했다. 언덕의 정상 부근에 도달할 무렵 누군가 우리에게 손을 흔들며 외쳤다.

"트레일매직이야! 얼른 와!"

그림과 같은 풍경에서 이름답게 정말 '마법'처럼 등장한 트레일매직(Trail Magic)이었다. AT를 걷는 동안 트레일매직을 두세 번 만나긴 했지만 오늘이야말로 제대로 된 트레일매직이었다. 두 쌍의 노부부가 트레일매직을 제공해주셨는데, 피넛버터와 포도잼을 바른 전형적인 미국식 샌드위치에서부터 직접 만든 바나나푸딩, 머핀, 초콜릿, 과자, 음료수, 비상약품 등 없는 것이 없었다. 그들이 준비해준 캠핑의자에 하이커들이 모여 앉았다. 따뜻한 햇살을 받으면서 맛있는 것을 먹고 이야기 나누느라 분위기는 금세 왁자지껄해졌다.

"너네 패치들이 엄청 많다! 혹시 PCT랑 CDT도 걸었어?"

우리의 배낭에 붙어있는 패치들을 유심히 보던 하이커가 물었다.

　"이 패치들 모두 우리가 갔던 장소들이야. 나는 PCT랑 CDT를 걸었고, 와이프는 CDT를 절반 정도 걸었어."

　"엄청나다! 이제 AT만 걸으면 트리플크라운이네!"

　"대단하다! 트리플크라우너를 처음 만나봐! 영광인데?!"

　"AT를 걷고 있는 중이니까 아직은 트리플크라우너는 아니야. 하하하."

　'트리플크라운'이라는 말이 나오자 각자 이야기를 나누고 있던 다른 하이커들도 일제히 우리 쪽으로 눈과 귀가 향했다. 트리플크라운을 달성했다고 해서 상을 주는 것도 아니고, 부귀영화를 얻는 것도 아닌데, 비슷한 관심사를 가지고 같은 길을 걷고 있는 하이커들은 큰 관심을 보였다. 그들은 우리가 하루에 얼마큼을 걷는지, 세 길을 모두 걸으려면 비용이 어느 정도 드는지, 세 곳 중에 어느 곳이 제일 멋있는지, 그리고 어디가 제일 힘든 코스인지 등 끊임없이 질문을 퍼부었다. 공통의 관심사를 가지고 얘기를 나누다 보니 시간 훌쩍 지나가

행복해지는 법을
아무도
가르쳐주지 않아서

버렸다. 급속도로 가까워진 우리는 길 위에서 다시 만나자고 인사를 나눈 뒤 각자의 속도에 맞춰 길을 떠났다.

생각지 못했던 간식을 푸짐하게 먹고 트레일엔젤들이 챙겨준 간식을 배낭 속에도 채웠다. 발에 날개가 돋친 듯 발걸음이 가벼웠다. 어느 순간 우리 눈앞에 새파란 하늘과 푸르른 언덕만 보이기 시작했다. 이제껏 빼곡히 자라있는 나무 숲길을 걸었는데, 갑자기 나무들은 온데간데없고 잔디언덕이 등장했다. 좀 더 높은 정상 부근에 도달하니 마치 '텔레토비 동산' 같은 잔디언덕이 떡하니 눈앞에 등장했다. 360

도로 탁 트인 정상이었다.

'맥스 패치(Max Patch)'라고 불리는 이곳엔 주말을 맞이하여 가족 단위의 나들이 손님들이 삼삼오오 모여 있었다. 아이들을 데리고 나온 가족들도 많이 보였다. 아이들은 잔디밭을 뛰어놀고 아이들을 바라보는 부모의 얼굴에는 미소가 넘쳤다. 준비해 온 도시락을 먹고 돗자리 위에 누워 햇빛을 즐기는 등 제각각 자신만의 방법으로 즐거운 시간을 보내고 있었다. 특별히 재미난 놀이를 하는 것도 아니었지만 그들의 얼굴에는 행복이 묻어났다.

그렇다. 행복은 먼 곳에 있는 것이 아니었다. 늘 행복한 삶을 추구하면서도 '과연 행복한 삶이란 무엇인가?'에 대해 묻곤 했던 나에게 AT는 너무나 쉽게 그 답을 찾아주었다. 화려하고 값비싼 음식이 아니어도 맛있는 음식을 먹을 때 행복하다. 음식으로 배고픔이 채워지고 정으로 마음이 채워지면 행복하다. 예상치 못한 사람들로부터 도움을 받을 때 행복하다. 새롭게 사람들을 알아가고 서로의 이야기를 나눌 때 행복하다. 서로를 이해해줄 수 있는 사람들과 함께 하는 시간이 행복하다. 웃는 얼굴을 볼 때 행복하다. 그 대상이 사랑하는 사람, 가족일 경우 더욱 행복하다.

장거리트레일을 하면서 '소소한 일상의 행복'에 대해 다시금 깨닫게 되었다. 장거리하이킹을 한다 해서 나의 상황이 크게 달라진 것은 없다. 하지만 내가 이 길에서 행복을 느낄 수 있는 것은 소소한 행복을 체감하고 있기 때문이다. 일상에서는 아무렇지 않게 하곤 했던 따

뜻한 샤워가 이 길 위에서는 아주 소중하다. 침대에서 뒹굴거리며 TV를 보거나 인터넷을 하는 것이 장거리하이킹에서는 특별한 일이 된다. 한국에서는 밤늦은 시간에도 전화 한 통이면 배달시켜 먹을 수 있는 치킨을 하이킹 내내 떠올리다가 마을에 도착해서 먹었을 때의 기분을 생각해보라. 땀 뻘뻘 흘리며 엄청난 오르막을 오르고 올라 마침내 산 정상에서 마시는 콜라 한 잔의 맛을 상상해보라. 이 작은 것들이 이곳에서는 생각하지 못할 만큼 큰 행복으로 다가온다.

이곳에서 느끼는 행복이 더욱 소중한 이유는, 행복해지는 방법을 내 스스로가 찾을 수 있다는 것이다. 많은 사람들이 행복을 추구하고 있지만, 언제 자신이 진정으로 행복을 느끼는지에 대한 답을 아는 사람은 많지 않다. 심지어는 행복한 순간에도 그것을 행복이라고 인식하지 못한다. 나 역시 그랬다. 하지만 이 길 위에서 그 답을 하나씩 알아가고 있는 중이다. 행복은 어떤 것을 희생하거나 큰 비용을 지불함으로써 행복해지는, 조건부적인 것이 아니다. 행복의 주체는 오롯이 나 자신이기 때문에, 행복이라는 질문에 대한 답을 찾아가는 이 여정 자체가 내 삶의 행복임을 실감하고 있다.

AT버거

(Day 19 / 17.6km, Unnamed Gap-Hot Springs / Total 436.64km)

마을에 가는 날은 언제나 신이 난다. 매일 먹는 라면이나 건조쌀이 아닌 진짜 음식을 먹을 수 있고, 샤워를 할 수 있고, 몸을 편히 쉴 수 있기 때문이다. 핫 스프링스(Hot Springs, North Carolina)라는 마을 은 규모는 작지만 트레일이 바로 마을을 지나가는 곳이다. 그러다보 니 모든 AT 하이커가 들르게 되는 마을이다. 우리는 트레일 바로 옆 에 있는 '호스텔 엣 래핑하트 롯지(Hostel At Laughing Heart Lodge)' 에서 하루 머물기로 했다. 물론 실내의 방도 있었지만 텐트 칠 수 있 는 공간이 두 명에 15달러인데 샤워도 포함되어 있었다. 비용면에서 꽤 메리트가 있어 우리는 텐트를 치기로 했다. 크게 기대하지 않았던 와이파이까지 비교적 잘 터져서 아주 만족스러웠다. 텐트를 빠르게 설치해 둔 뒤 점심을 먹으러 마을의 중심부로 향했다. 생각했던 것보 다 마을 규모가 훨씬 작아 별다른 선택의 여지가 없어 보였다. 미국 에서 그 흔한 맥도날드도 없었으니 햄버거를 먹기 위해 레스토랑 '스 프링 크릭 태번(Spring Creek Tavern)'에 들어갔다. 메뉴판을 보고 있 노라니 이 레스토랑에서 'AT Burger'를 판매한다는 것을 가이드북에 서 보았던 것이 생각났다.

"주문 받아줄까?"

"혹시 여기 AT Burger가 있어?"

"응. 패티 3장에 치즈랑 베이컨 등이 들어가. 감자튀김도 함께 나오고."

"얼마야?"

"세븐 블라블라~"

트레일이 지나는 마을에서는 종종 하이커들을 위한 특별한 음식을 파는 경우가 있다. 이런 음식들의 특징은 항상 배고픈 하이커들을 위하여 양이 아주 많다. 동시에 적지 않은 여행비용을 써야 하는 하이커들을 위해 가격이 저렴한 경우도 있다. AT버거 역시 하이커들을 위한 그런 음식의 느낌이었다. 메뉴판을 보았을 때 기본버거가 6.99달러, 다른 토핑들을 추가하면 9.99달러였기에 7달러 남짓의 AT버거라면 이것을 먹는 것이 훨씬 이득이라 생각했다. 희종은 호기롭게 두 개의 AT버거와 콜라, 맥주를 주문했다.

"크기가 얼마나 돼?"

"엄청 커(Huge)!!"

햄버거가 커봤자 얼마나 크겠냐는 생각과 더불어 늘 배고픈 하이커이기 때문에 거뜬할 것이라는 생각으로 우리는 종업원의 이야기를 웃음으로 넘겼다. 주문한 버거가 우리 테이블로 왔을 때 저절로 탄성이 흘러나왔다. 두터운 패티 3장, 그리고 그 사이에 겹겹이 쌓인 치즈, 베이컨조각과 어니언링 등이 뒤섞여있는 야채튀김 등이 햄버거 속에

행복해지는 법을
아무도
가르쳐주지 않아서

들어있었다. 햄버거 주변에는 감자튀김이 수북하게 쌓여 있었다. 정말 양이 어마어마했다. 한 입에 베어 물기도 힘들 만큼 두툼한 햄버거를 열심히 먹었지만, 반 개를 겨우 먹을 수 있었다. 그래도 마을에 내려와 먹는 첫 끼니인 만큼 맛있었다.

먹어도 먹어도 줄어들지 않는 버거는 결국 포장해서 저녁으로 먹기로 했다. 그리고 계산서를 받아든 우리는 다시 한 번 놀라지 않을 수가 없었다. 버거 한 개에 7달러가 아니고 17달러로, 한 개의 AT버거가 보통 버거의 2개 정도의 가격이었다. 그렇다. 우리는 17달러를 7달러로 들었던 것이다.

이미 뱃속으로 잘 넣은 햄버거를 다시 무를 수도 없는 상황이었다. 우리는 쓴웃음을 지으며 결제를 했다. 레스토랑을 나올 때 우리 손에는 남은 햄버거와 감자튀김이 담긴 도기박스(Doggy Box)가 하나씩 들려있었다. 이렇게 남길 거면 한 개만 시킬 걸 그랬나. 배는 불렀지만 왠지 모르게 허무한 마음이 몰려왔다. 실내취침을 대신해서 저렴하게 텐트에서 쉬는 것을 결정함으로써 호텔비를 아꼈다고 신나했는데, 한 끼 식사로 숙소비보다 훨씬 더 비싼 비용을 치러야 했다. 이런 상황을 웃프다고 하나. 이 사건(?)은 이후 산 속을 걸으면서 햄버거가 그리워질 때마다 우리 부부의 이야깃거리로 등장하곤 했다는 더 웃픈 이야기.

사람이 완성하는 길

(Day 22 / 31.04km, Rector Laurel Rd-Whistling Gap / Total 526.24km)

어제 저녁, 렉터 로렐 도로(Rector Laurel Rd)변에 있는 로렐 호스텔(Laurel Hostel)에서 하루 자고 가기로 했다. 말이 호스텔이지 나무로 만들어진 캐빈 하나 있는 공간이었다. 단돈 10달러면 텐트를 칠 수 있다기에 실내의 침대 대신 텐트를 치고 하루 머무는 것으로 계획을 바꾸었다. 실내공간도 그다지 비싸진 않았지만 막상 캐빈을 보니 괜한 숙박비를 지출하는 것보다는 텐트사이트도 충분히 좋다고 생각했기 때문이다. 예약을 끝내고 테이블에 앉아 음료수를 마시고 있던 우리에게 주인아저씨가 다시 터벅터벅 걸어오더니 말을 걸었다.

"아무래도 오늘은 아무도 안 올 거 같네. 혹시 너네 실내에서 잘래?"

"흠. 텐트사이트랑 실내는 가격이 다르지?"

"달라. 하지만 텐트사이트 비용으로 실내에서 자도 돼."

마다할 이유가 없는 제안이었다. 우리는 냉큼 그의 호의를 받아들였다. 덕분에 며칠간의 피로를 말끔히 씻어낼 만큼 숙면을 취할 수 있었다.

우리가 묵었던 호스텔에는 숙박비용에 샤워가 포함되어 있지 않아 샤워를 하려면 별도로 5달러를 내야 했다. 그곳에는 그 누구도 감시

하는 사람이 없어 샤워를 해도 몰랐을 테지만 샤워비를 내지 않은 우리는 양심껏 샤워를 하지 않았다. 더불어 그냥 가져와도 몰랐을 콜라두 캔도 돈을 내고 구매했다. 당연히 그래야 하는 것이기도 하지만, 양심적으로 행동한 우리 스스로를 칭찬하고 싶다.

5월 중순이 넘어가면서 확연히 날씨가 더워지는 것이 느껴졌다. 거기다가 습한 날씨까지 더해지니 오르막을 오를 때면 땀이 비 오듯이 흘렀다. 산에 흐르는 시원한 물을 정수하여 식수로 사용하고 있지만, 시원한 얼음물과 맥주가 간절했다. 제법 큰 도로와 연결되어있는 샘스 갭(Sam's Gap)을 지나 다시 산으로 올라가려는 순간, 뒤에서 그가 소리쳤다.

"하늘아! 트레일매직!"

뒤돌아보니 한 대의 SUV차량이 멈춰 섰고, 백발의 노인 두 분이 트레일매직을 놓치지 말라고 하면서 차에서 내렸다. 달타냥(Dartagnan)과 타이거릴리(Tiger Lily)라는 트레일네임을 사용하시는 두 분은 다마스커스(Damascus, Virginia)에서 열리는 트레일데이즈(Trail Days, 매년 5월 AT에서 열리는 행사로, 수많은 하이커들이 모이는 페스티벌)에 가는 중인데, 이곳에 트레일매직을 내려놓고 가려던 참이었다고 했다. 그들은 차량에서 하나둘씩 짐을 꺼내 맥주, 콜라, 비스킷, 오렌지 등 한가득 우리에게 나누어주셨다. 무더위에 지쳐있던 우리는 좀 전에 오르막길을 오르면서,

"시원한 맥주 한 캔 마시면 정말 좋겠다!"

행복해지는 법을
아무도
가르쳐주지 않아서

   라고 이야기했는데, 맥주를 실제로 만나게 되니 신이 났다. 우리가
맛있게 먹는 것이 티가 났는지, 얼음까지 얼혀있던 콜라와 오렌지,
비스킷 등을 더 챙겨주셨다. 그것들을 배낭에 넣은 뒤, 다마스커스에
서 보자며 인사를 나누고 우리는 가던 길을 계속 걸었다.

   달타냥과 타이거릴리와 헤어져 길을 걷다보니 우리가 트레일매직
을 만났던 샘스 갭과 관련된 표지판이 설치되어 있었다. 원래는 개
인이 소유했던 사유지인데 유나이티드 스테이트 내셔널 포레스트
(United State National Forest, 미국유림)에 기증을 했다는 글이었

다. 사유지를 가지고 이익을 남기기 위해 애쓴다는 이야기를 쉽사리 접할 수 있는 우리나라의 경우와 사뭇 다른 분위기였다. 이런 것은 3,500km의 AT를 관리 및 보호하는 방법에서도 드러난다.

　AT와 관련된 사항들을 관리하는 ATC(Appalachian Trail Conservancy)가 있기는 하지만, 트레일 구간 구간은 지역봉사단체에 의해서 관리된다. 총 31개의 지역단체가 각각의 구역을 담당하여 이 트레일을 관리하고 있는데, 이 단체들을 합치면 세계에서 가장 큰 규모이자 오랫동안 유지되고 있는 자원봉사 산림보호단체가 된다고 한다. 자신의 이익과는 무관하게 작게나마 타인을 배려하여 트레일매직을 하는 사람들, 이해타산보다는 더 큰 뜻을 위해 사유지를 기증하는 사람들이 이 장거리트레일 위에 있었다. 또한 그 트레일을 걷고 경험하는 이들은 양심적으로 행동하고 본인이 걷는 길에 최대한 예를 갖춰 행동한다. 이런 사람들 덕분에 장거리트레일이 잘 유지되고 더 많은 사람들이 이 길에서 멋진 경험을 하게 되는 것이 아닐까 싶다. AT는 '자연의 길'이기도 하지만 결국 '사람이 완성하는 길'이었다.

2부

나는 결혼식장에 들어가는 100m 남짓한 버진로드가 아니라 자전거를 타거나 하이킹을 하면서 서로를 알아가고 상대방에게 조금씩 맞춰가는 머나먼, 때로는 험난할 수도 있는 길을 선택했다. 몇 박 며칠로 끝나는 여행이 아니라 언제 끝날지 모르고, 언제 돌아올지 모르는 긴 신혼여행을 택했다.

트레일데이즈

(Day 25 / 0 km / Total 547.52km)

매년 5월 중순, AT트레일이 마을을 관통하는 다마스커스에서는 AT
하이커들의 축제인 트레일데이즈(Trail days)가 열린다. AT를 걷기 위
해 미국에 오기 전부터 쉐퍼드로부터 이 행사와 관련된 이야기를 많
이 들은 터였다. 쉐퍼드(Shepherd)라는 트레일네임을 가진 호주 출신
의 친구는 희종과 함께 CDT를 걸었다. 또한 우리 부부가 멕시코, 과
테말라 등지에서 자전거여행을 할 때 일부 구간을 함께 하기도 했다.
이 친구 역시 2017년에 AT를 걷고 있는 중이었다.

AT행사 중 가장 큰 규모라고도 하고 이곳에 가면 우리보다 1주일
가량 먼저 출발한 쉐퍼드와도 만날 수 있을 것으로 예상되었기에 우
리는 트레일데이즈에 맞춰 부지런히 다마스커스까지 걸어가기로 목
표를 세웠다. 하지만 날씨가 계속 짓궂고 오르막내리막이 심해 생각
보다 속도가 나지 않았다. 아무리 열심히 걷는다 해도 트레일데이즈
날짜에 맞춰 다마스커스까지 걸어가는 것은 역부족이었다. 히치하이
킹을 해서 가볼까 했지만, 왕복으로 다마스커스까지 다녀오게 될 때
소모될 시간, 비용, 피로도 등 때문에 이 역시 결정이 쉽지 않았다.
결국 트레일데이즈가 시작되기 전날, 트레일로 다마스커스에서 약

행복해지는 법을
아무도
가르쳐주지 않아서

200km 떨어진 에르윈(Erwin, North Carolina)에 도착할 수 있었다.

세상의 다양한 경험들을 해보자는 경험주의자인 우리 둘은 에르윈에서 휴식을 취하며 고민을 했지만 결국 트레일데이즈를 포기하기로 했다. 마음을 다잡고 트레일헤드로 가던 도중, 차 한 대가 우리 앞에 멈춰 섰다.

"너네 혹시 트레일데이즈 가니? 나 지금 거기 가는 중인데 태워줄까?"

놀랍고 신기한 순간이었다. 히치하이킹을 위해 손을 들지도 않았는데, 우리 앞으로 트레일데이즈까지 데려다준다는 차가 멈춰 선 것이다. 에르윈부터 트레일데이즈가 열리는 다마스커스까지 자동차로 가도 130km나 되는 머나먼 길. 히치하이킹을 시도해도 두세 번에 나눠서 갈 수 있겠다 싶었는데, 이게 웬일인가 싶었다. 그와 나는 순간 눈빛을 교환하고 마구 머리를 굴렸다. 어찌하는 게 좋을까. 고민하는 우리의 모습이 보였는지 그가 이렇게 말했다.

"트레일데이즈에 갔다가 너희가 원하는 때에 다시 이곳으로 태워다줄게."

트레일데이즈에 가게 될 경우 가장 큰 걱정거리를 해결해 준다니 가지 않을 이유가 없었다. 그래 가자!!

우리를 태워준 친구와 이야기를 나누며 다마스커스를 향해 달려갔다. 그의 트레일네임은 '자이언트'인데 이름에 걸맞은 체구를 가지고 있었다. 운전석이 꽉 차보일 정도로 큰 키와 덩치가 마치 거인 같아

보였다. 군인이었던 그는 AT를 걸은 뒤 그때의 추억을 되새기고 싶어 매년 트레일데이즈에 참가하고 있으며, 그때마다 트레일엔젤처럼 하이커들을 태워 오간다고 했다. 이번에도 '혹시 트레일데이즈에 가는 하이커가 있나?' 하는 마음에 잠시 마을에 들렀는데 우리를 발견한 것이다.

누군가가 봤다면 위험하거나 다소 무모한 행동이라고 했을지도 모르겠다. 사전에 통성명도 없이 히치하이킹을, 그것도 잘 걷고 있는 사람 앞에 멈춰 선 차에 탈 생각을 어떻게 하냐고 할지도 모른다. 예전 같았으면 상상도 못할 일이었다. 그리고 만약 뉴욕 같은 도심에서는 나 역시도 여전히 겁날 것 같다. 하지만 여행자들, 그것도 우리 같은 배낭여행자 혹은 하이커들을 대상으로 나쁜 일을 저지를 것이라는 생각은 크게 들지 않았다. 게다가 여행을 다니고 있는 곳이 주로 작은 마을이라 왠지 착한 사람들이 많을 것 같았다. 무엇보다 아직 세상은 그렇게 나쁘지 않다고 생각했기에 가능한 일이었다. 물론 히치하이킹을 해서 나쁜 일을 당하는 경우도 간혹 있으니 조심해야 하는 건 사실이다. 그러나 이런 순간이 닥칠 때마다 좋은 인연을 만날 수도 있으니 삶은 참 아이러니다.

한 시간정도 달려서 다마스커스에 도착했다. 달리는 동안 차창 밖에서 바라본 하늘은 점차 흐려지더니 어느 샌가 폭우가 쏟아지고 있었다. 트레일데이즈에서도 비를 만나다니 AT는 역시 비를 벗어날 수 없는 것인가. 우리가 출발했던 마을로 되돌아갈 날짜와 시간을 자이

행복해지는 법을
아무도
가르쳐주지 않아서

언트와 약속한 뒤, 우리는 트레일데이즈를 즐기기 위해 발걸음을 옮겼다.

트레일데이즈는 트레일을 걸을 때 사용하는 여러 장비업체들이 행사부스를 마련하는 자리였고, 동시에 수많은 하이커들이 모이는 자리였다. 우리도 지금까지 AT를 걸으면서 만났던 친구들은 물론 스톤(Stone), 올굿(All-Good), 그리고 쉐퍼드도 만날 수 있었다. 하지만 반가움도 잠시, 하이커들의 축제임에도 불구하고 쏟아지는 굵은 빗줄기 때문에 아쉬움을 뒤로하고 헤어져 각자의 텐트로 돌아가야 했다.

다음날, 자이언트를 만나기 위해 어제 약속한 장소로 분주히 향했다. 그런데 이게 웬걸. 자이언트의 차는 약속 장소에 없었다. "10시 즈음에 호스텔 앞에서 만나자"라고 다소 애매하게 약속을 정한 것이 문제였다. 혹시나 하는 마음으로 호스텔에도 물어보고 주변의 하이커들에게도 물어보았지만 이미 떠난 것 같다는 이야기만 들을 수 있었다. 차에 태워주면서 분명히 "마을로 다시 데려다줄게"라고 이야기하고 먼저 가다니. 야속하게만 느껴졌다.

자이언트가 없으니 에르윈으로 돌아갈 방법을 우리 스스로 찾아야 했다. 다행히 희종의 친구 스톤이 우리에게 도움을 주었다. 미국 서부에 살고 있는 스톤은 AT 트레일데이즈에 참여하기 위해 비행기를 타고 동부로 넘어왔는데, 고맙게도 공항 가는 길에 우리를 태워준다고 했다. 오랜만에 만난 둘은 차를 타고 오는 동안 끝없는 이야기를 나누었다. 스톤 역시 이미 미국의 3대 장거리트레일을 모두 완주한 트리플크라우너였다. 그러다 보니 대화의 대부분이 장거리하이킹이나 트레일과 관련된 것이었다. 비구름이 따라온 걸까. 에르윈 근처에 오니 이곳에도 비가 내리고 있었다. 결국 우리는 하루 더 쉬었다 가기로 결정한 뒤 예정에 없던 제로데이를 가지게 되었다. 에피소드 풍성한 트레일데이즈의 여정은 마침내 제로데이와 치킨, 맥주로 끝을 내리게 되었다.

예상치 못한 공격

산속에서 맞이하는 비는 언제든 반갑지 않지만 '텐트 속에서 맞이하는 비'는 그나마 낫다. 텐트를 뚫을 기세로 비가 엄청나게 쏟아지는 경우도 있지만 웬만한 비로는 텐트가 구멍 날 일은 거의 없을 테고, 비가 온다 해도 일단은 피할 안식처가 있기 때문이다.

어느 날 밤, 마치 텐트를 뚫을 기세로 계속해서 비가 내렸다. 한밤중에 우르르 쾅! 소리를 내며 천둥과 번개소리가 요란하게 울려대 잠에서 몇 번이나 깰 정도였다. 아침이 되자 다행히 비는 멈추었으나 이번엔 거센 바람이 불어와 텐트를 흔들어댔다. 텐트를 열어 밖을 보니 주변이 하나도 보이지 않을 만큼 구름과 안개가 자욱하게 껴있었다. 마치 영화 속 한 장면 같았다. 전날 오후부터 계속된 비로 전날 하이킹을 마칠 때 즈음에는 레인 재킷 속에 입은 셔츠며 바지, 배낭까지도 모두 젖었다. 임시방편으로 말리기 위해 밤새 벗어두었던 옷가지는 아침이 되어도 하나도 마르지 않았다. 축축한 옷을 다시 입고 거센 바람이 부는 밖으로 나가야 했다. 추위에 떨며 텐트를 걷던 도중, 그가 물었다.

"가지 말고 그냥 쉴까?"

비바람이 너무 거세서 솔깃했지만, 가지고 있던 식수가 거의 바닥이 난 상황이라 언제 그칠지 모르는 비가 멈추기를 기다리며 하염없이 쉬는 것은 불가능했다. 그 전날, 우리가 언덕 부근에 텐트를 설치했기 때문에 내려갈 수 있는 장소까지만이라도, 물을 구할 수 있는 곳까지라도 가면서 경과를 지켜보기로 했다. 트레일을 걷기로 결정했지만, 그 결정이 맞는 걸까 싶을 만큼 무시무시한 바람이었다. '한 치 앞이 보이지 않는다'라는 표현은 바로 오늘 같은 날을 두고 하는 말 같았다. 우리는 AT의 이정표 역할을 하는 화이트 블레이즈(White Blaze)만 간신히 찾으며 걸어야 했다. 화이트 블레이즈는 나무나 바위 등에 손바닥만한 크기로 하얗게 칠해져 있는 표식인데, AT 트레일 전체에 걸쳐 표시되어 있기 때문에 이를 따라 걸으면 길을 잃을 걱정이 없다. 화이트 블레이즈는 특수 페인트로 만들어진 것인지, 구름이 잔뜩 껴 흐리고 시야가 확보되지 않은 상황 속에서도 쏙쏙 눈에 보여 다행히 길을 잃지는 않았다.

AT를 걷는 동안은 대부분 울창하게 우거진 나무 숲 사이를 걷는 편인데, 오늘따라 나무가 없는 민둥산 같은 지형이 계속 나타났다. 그러다보니 빗줄기는 우리 몸을 더욱 강하게 때렸고, 불어대는 바람도 오롯이 몸으로 감당해야 해서 더욱 거세게 느껴졌다. 험프 마운틴(Hump Mountain)을 지나면서는 생명의 위협을 느낄 수 있을 만큼의 바람이 불어댔다. "자연 앞에서는 늘 겸손해야 한다"던 아빠의 말씀이 귓가에 맴돌았다. 또 언니가 미국 교환학생 시절, 허리케인 때문

행복해지는 법을
아무도
가르쳐주지 않아서

에 거대한 크기의 외양간 지붕이 날아갔다고 해주었던 이야기도 생각
났다.

 자연현상 때문에 외양간의 지붕도 날아가는데, 이 정도의 바람이
라면 충분히 나를 공중으로 날려 보낼 수도 있을 것 같았다. 그나마
나의 육중한(?) 무게와 배낭 무게가 감사하게 여겨졌다. 한편으론 내
뒤에서 걸어오는 그가 날아가 버리면 나는 혼자서 '어떻게, 무엇을 해
야 할까'라는 무서운 생각이 들어 자꾸만 뒤를 돌아보며 잘 오고 있는
지 확인했다. 물론 나보다 그가 무겁기 때문에 그럴 일이 없을 테지
만 사람 일은 모르는 거니 말이다.

온갖 잡생각을 하면서도 스스로 정신줄을 붙잡고 사방에서 불어대는 바람을 이겨내기 위해서 사투를 벌이다 보니 어느새 비바람이 잦아들고 도로와 연결된 지점까지 내려오게 되었다. 비로소 안도의 한숨이 나왔다. 인터넷을 통해 일기예보를 확인해보니 허리케인이 북상하는 중이었다. 아무 일 없이 지나갔기에 천만다행이지만, 이 정도의 엄청난 날씨 속에서 걷는 것이 무모한 일은 아니었나 싶었다. 또한 '우리에게 그런 일은 없을 거야'라며 자만했던 것은 아닌가 하는 생각도 들었다.

  계획에는 없던 일이지만 도로 근처에 있는 호스텔에서 하루 묵고 가기로 했다. 좀 더 정확하게 말하면 호스텔의 샤워시설, 코인세탁기, 슈퍼 등을 이용하고 호스텔에서 제공하는 부지에 텐트를 칠 예정이었다. 햄프 마운틴에서 비바람과의 사투를 보상받고 싶기도 했고, 지난 며칠간 비를 맞은 터라 샤워와 빨래가 간절했기 때문이다. 따뜻한 물로 샤워를 하니 몇 시간동안 거센 비바람을 맞아 얼어붙었던 몸이 스르르 녹아내리는 것 같았다. 저녁으로 먹을 것들을 사서 텐트 앞으로 들어가는데 낯선 모습이 보였다. 텐트 한쪽 구석에 구멍이 나있는 것을 발견한 것이다. 이게 뭐지?

  우리가 보통 머리 혹은 발을 두는 쪽 벽면에 구멍이 나있었는데, 그 모양새가 마치 쥐가 파먹은 듯한 느낌이었다. 자세히 보니 크기가 약간 다른 두 개의 구멍이 있었다. 텐트를 치고 호스텔 건물로 씻으러 간 사이에 쥐가 텐트를 구멍 낸 건가 싶어 텐트 내의 다른 흔적들을 찾아보았다. 방금 전 발생된 일은 아닌 것 같았다. 아침에 텐트를 걷을 때도 딱히 구멍은 보지 못했는데 그 전날 밤에 일어난 일일까? 도대체 언제, 어디에서 그랬는지 모르겠는 상황이라 일단 추가적으로 외부의 침입을 막는 것이 우선이었다. 가지고 있던 종이, 텐트나 침낭을 수선하는 패치 등을 이용하여 임시방편으로 구멍을 막은 뒤 다른 짐도 훑어보기로 했다.

다행히 식량주머니나 다른 짐들은 모두 안전해 보였다. 그런데!! 우리가 지난 며칠 동안 가지고 다녔던 쓰레기봉투용 과자봉지가 심상치 않았다. 트레일에 피해를 최소한으로 하기 위해 걷는 동안 발생되는 쓰레기들은 마을로 내려올 때까지 모두 모아둬야 한다. 우리의 경우 다 먹은 과자봉지를 쓰레기봉투로 이용하곤 하는데, 텐트에 구멍난 모양과 비슷하게 과자봉투에도 구멍이 나 있었다. 지난밤의 정황을 떠올려보니 저녁을 먹고나서 배낭과 텐트 벽면 사이에 쓰레기를 담는 과자봉지를 두었던 것이 생각났다. 쥐나 야생동물에 대비하여 평소에는 쓰레기봉지는 물론 모든 식량들을 배낭 속에 넣어두거나 나무에 걸어둔다. 어제는 텐트사이트가 물과 다소 거리가 있어 쥐의 위험이 거의 없을 것이라 생각했고, 무엇보다 피곤하고 비가 많이 온다는 핑계로 안일하게 행동한 것이 화근이었다. 평소 같았으면 텐트 주변의 쥐 소리를 듣고 쫓아내려 노력했을 텐데, 지난밤은 비바람 소리 때문에 이조차도 알아채지 못했던 것이다.

다행히도 침입의 흔적은 그곳 하나였지만 쥐가 텐트를 뚫고 들어와 우리가 자고 있는 곳을 돌아다녔으면 어떡하나 하는 생각에 소름이 돋았다. 그 전에도 잠결에 동물소리가 나면 예민해하고 쥐가 텐트 근처에서 방황하면 쫓아내기 위해 텐트에 주먹을 날리곤 했는데, 이날 이후 우리는 쥐 소리에 더욱 예민해졌다. 텐트를 칠 때 마무리 작업으로 구멍에 박스를 덧대어 쥐의 추가공격을 막아야만 했다. 예상할 수 없는 일들이 수없이 일어나는 곳, 바로 트레일 위다.

이 길을 계속 가야 할까?

(Day 30 / 36.32km, Vandevent Shelter-Abingdon Gap Shelter / Total 707.68km)

엄격히 말하자면 나에게는 AT가 첫 장거리하이킹이다. CDT를 걷고 있던 희종의 일정에 합류하여 CDT를 걸었지만 당시는 절반가량 걸은 것이었고, 이번이야말로 처음부터 끝까지 걷는 첫 쓰루하이커의 여정이라 할 수 있다. 반면 그의 경우 2015년에 PCT, 2016년 CDT에 이어 이번 AT가 세 번째 장거리하이킹 도전이다. 그래서인지 그의 머릿속에서는 그간 걸었던 트레일들과 AT가 계속 비교되는 것 같았다. 미국 3대 장거리트레일들은 비슷한 듯하지만 AT와 PCT, CDT는 조금씩 다른 얼굴을 가지고 있다.

PCT와 CDT는 지그재그방식으로 높은 곳까지 에둘러 올라가고 나면 길게 펼쳐진 능선을 따라 걷는 구간이 많은 반면, AT는 산 밑에서부터 정상 부근을 짧은 거리로 치고 올라가고 산을 깊숙이 오르락내리락 하는 경우가 많다. 그러다보니 이전 트레일들에 비해 경사도 가파른 편이고, 하루에도 오르막과 내리막길을 쉼 없이 반복하여 걸어야 했다. AT에서 만났던 하이커친구의 이야기로는 3,500km의 AT를 완주할 때의 오르막과 내리막을 모두 합하면, 에베레스트 산을 16번 오르내리는 것과 같다고 한다. 지구상에서 제일 높은 산인 에베레스트(해발 8,848m)를 16번 오르내리는 셈이니 얼마나 많은 오르막과 내리막이 반복되는 것인지 상상할 수 있을 것이다. 게다가 PCT와 CDT는 트레일이 산 능선을 따라 있어서 걸을 때 멋진 풍경이 주위에 펼쳐지지만, AT는 깊은 숲속을 걷다 보니 매번 비슷한 풍경을 보면서 걷는 경우가 잦다. 힘들게 올라가서 멋진 풍경으로라도 그 노고를 보상받는다면 좋을 텐데, 그러지 않으니 심적 피로도가 상쇄되지 않았다. 그리고 무엇보다 비가 너무 잦다 보니, 계속해서 걸어야 하는 우리의 피로는 더욱 가중되었다. AT를 걸으며 앞으로도 도대체 얼마나 많은 비를 만나게 될지 궁금했다.

또 다시 비가 쏟아지던 어느 날, 나는 그에게 물었다.

"지금이라도 PCT로 갈까?"

늘 PCT가 좋다고 연신 노래 부르던 그였다. 나 역시 그의 PCT 예찬을 숱하게 들어온 터라 PCT에 대한 로망을 쌓아가고 있었고 언젠가는 그곳에 가야겠다는 생각을 하고 있었다. 그는 1초의 망설임도 없이 대답했다.

"그럴까?"

그것도 다소 상기된 목소리로 말이다. 물론 PCT로 발걸음을 돌리지는 않았지만, 그 뒤 '우리가 지금 이 길을 왜 걷고 있는가?'라는 생각이 계속 머릿속을 맴돌았다. 내가 진심으로 말하는 것이 아니라 농담으로 묻는 것으로 생각해서 그는 별다른 망설임 없이 대답한 것이었을 수도 있다. 하지만 빛의 속도로 대답하는 그의 모습에서 그가

행복해지는 법을
아무도
가르쳐주지 않아서

이 길을 어떻게 생각하는지 조금은 읽을 수 있었다. 우리는 지금 이 순간을 행복하게 위해 보통의 일상을 떠나 세계여행을 떠나왔다. 하지만 지금 걷고 있는 이 길이 즐겁지 않다면? 그렇다면 우리의 가치관, 첫 출발의 순간 생각했던 것과 상충하는 것이 아닐까?

예상치 못했던 일은 아니다. 두 바퀴의 자전거와 두 다리의 하이킹으로 세계여행을 하고 있는 우리 부부는 2016년 CDT를 마치고 멕시코로 넘어가 자전거로 여행을 했다. 그리고 멕시코와 과테말라, 벨리즈 등 중미 자전거여행을 하며 다음 행선지를 위해 많은 고민의 시간을 가졌었다. 두 바퀴 자전거를 이용하여 남미로 계속 내려갈 것인지 아니면 그의 트리플크라운 달성을 위해 남은 단 하나의 장거리트레일, AT를 걸을 것인지. 그는 트리플크라운이라는 목표가 딱히 있는 것이 아니라 장거리트레일이 좋아서 걷다 보니 이곳까지 온 것이었다. 그러니 트리플크라운을 위한 마지막 남은 AT 하이킹을 다소 의무감으로 여기는 것 같기도 했다. 그럼에도 불구하고 그의 트리플크라운을 위한 마지막 도전이자 나의 첫 장거리트레일 쓰루하이커의 도전으로 AT를 택했다.

"AT는 엄청 멋있어. 특히 화이트 마운틴스 내셔널 포레스트가 있는 뉴햄프셔에 가면 정말 좋아할 거야."

"너는 이미 PCT랑 CDT를 했잖아. 그러면 AT는 조금 심심하게 느껴질 수도 있겠는데?"

"AT의 울창한 푸른 숲을 꼭 경험해봐야지!"

"PCT랑 CDT를 걸었으니까 AT는 식은 죽 먹기겠다!"

하이커친구들은 AT에 대해 여러 다른 의견을 제시해주었다. 하지만 '경험주의'를 추구하는 우리 두 사람이 직접 경험해보고 AT에 대해 이야기하고 싶었다. 겨우 이제 한 달 이 길을 걸었지만, PCT와 CDT를 걸었다 해도 이 길은 생각만큼 쉬운 길이 아니었다. 또 이미 다른 장거리트레일을 경험했던 우리에게는 엄청난 감흥을 주지 못하는 경우도 종종 있었다. 길의 절반도 걷지 않은 상황에서 AT에 대해 속단하는 것일 수도 있다. 그 시간 동안 우리가 경험한 AT는 우리를 신체적으로나 심적으로 지치게 만들었다. 그럼에도 불구하고 처음부터 끝까지 걷는 장거리트레일이 처음인 나로서는 모든 것이 신기하고 동기부여가 되었다. 하지만 그의 경우, AT를 자꾸만 PCT, CDT와 비교하고 이곳만의 재미를 아직 찾지 못하고 있는 것처럼 보였다. 그러다 보니 단지 의무감 때문에, 그저 트리플크라운을 달성하기 위한 채우기 식의 여정을 하고 있는 것은 아닌가라는 생각도 들었다. 아무리 이 길에서 소소한 행복을 찾으려고 노력하고 있지만, 현재가 그다지 만족스럽지 않다면 꾸역꾸역 이 길을 계속 가기보다는 다른 것을 선택하는 것이 옳은 걸까? 애석하게도 나는 우리 부부가, 특히 그가 이 길 위에서 재미를 찾게 되기를 바랄 수밖에 없었다.

이런 상황에서 길을 걷다 보니 배우는 것이 또 생겼다. 행복한 삶이 꼭 100% 만족스러운 환경에서 비롯되지는 않는다는 것이다. 물론 모든 조건이 만족감을 주는 삶이라면 바랄 것이 없겠지만, 행복이라

행복해지는 법을
아무도
가르쳐주지 않아서

는 방향성을 추구하고 있다면 때로는 하기 싫은 일도 해야 하고 어려움도 감수할 수 있어야 한다는 것을 배우게 되었다. 물론 내가 감당할 수 있는 범주 이내여야겠지만 말이다. AT에서의 생활이 전반적으로 만족스럽고 우리 두 사람에게 행복감을 주지만, 짓궂은 날씨나 의무감 등 때문에 아직은 100% 행복을 주지는 못하고 있다. 그럼에도 불구하고 이곳에서의 삶이 행복이라는 방향으로 흐르고 있기에 우리는 충분히 이것을 즐기고 있다. 이렇게 또 나는 AT에서 행복해지는 법을 한 가지 더 알게 되었다.

(Day 34 / 37.44km, Old Orchard Shelter-Mt Rogers Visit Center+Marion / Total 825.76km)

"오빠, 여기 진짜 그림 같은 풍경이 있어요!"

마운트 로저스(Mount Rogers, Virginia, 1,746m)에 오르니 푸르른 잔디와 새파란 하늘, 그와 대비되어 더욱 새하얀 구름이 그림과 같은 풍경을 자아내고 있었다. 수목한계선(기후가 어느 정도 이상 건조해 지거나 한랭해져서 수목이 생육할 수 없는 한계선)을 지난 것인지 나무들은 눈에 띄게 줄어들었고, 다행히도 산 밑에서 하늘을 가득 채웠던 먹구름들은 온데간데없었다. 조금 더 위로 올라가니 신기하게 말 한 마리가 한가로이 풀을 뜯고 있었다. 보다 정확한 명칭은 와일드포니(Wild Pony)로 일반 말에 비해 크기가 작고 말갈기가 좀 더 화려한 느낌이었다. 풀을 뜯고 있는 와일드포니들은 한두 마리가 아니었다.

AT는 버지니아 주에서 가장 높은 지점인 마운트 로저스 정상 부근을 바로 지나지 않고 1km가량 떨어져 위치하고 있다. 그 대신 옆 산군에 형성되어있는 마운트 로저스 내셔널 레크리에이션 에어리어(Mount Rogers National Recreation Area)와 그레이슨 하이랜드 스테이트 파크(Grayson Highlands State Park)를 관통한다. 이곳은 해발 1,000~1,500m 고도의 광활한 초원지대와 같은 느낌이라 지금까지의

AT와 사뭇 다른 느낌이었다. 이러한 자연환경이다 보니 말을 타고 이동할 수 있는 트레일(Horse Trail)이 형성되어 있었고, 수많은 와일드 포니의 서식지가 되었던 것이다.

와일드포니를 실제로 보는 것은 처음이라 은근 겁이 났다. 그런데 하필 와일드포니는 우리가 지나가야 하는 길을 가로막은 채 한가로이 풀을 뜯고 있었다. 그 옆으로 살금살금 걸어가니 풀을 뜯고 있던 와일드포니는 도망가는 것이 아니라 우리를 따라왔다. 순하게 쫄래쫄래 따라오는 와일드포니의 눈망울을 가까이서 볼 수 있을 정도였다. 많은 사람들이 이곳을 지나며 와일드포니에게 먹을 것을 줬기에 사람을 따라오는 것 같았다. 이토록 순한 와일드포니도 새끼를 지키고 있는 경우에는 경계를 늦추지 않았다. 몇몇 아기 와일드포니들은 땅바닥에 널부러져 쌔근쌔근 자고 있었다. 새끼들을 보기 위해 가까이 다가가다가 잽싸게 달려오는 어미를 보고 줄행랑을 쳤다. 새끼에 대한 보호본능은 무서울 정도였다.

AT를 걷기 시작한 지 어느새 한 달이 지났고 800km를 돌파했다. 기상상황과 우리 두 사람의 컨디션에 따라 하루에 걷는 거리가 매일 다르지만, 이제 하루 30km정도는 가뿐한 마음으로 걷게 된다. 한 달 동안 약 800km를 걸었고 3일의 제로데이를 가졌으니 하루 평균 25km를 걸은 셈이다. 이 기간 동안 조지아, 노스캐롤라이나와 테네시, 이렇게 세 개의 주를 지나 버지니아 주에 입성했다.

지금껏 AT를 걸으며 만났던 날씨들을 되돌아보니 지난 한 달여간 15일은 폭우 수준의 비를 만났고, 4일 가량은 약한 비가 내리거나 흐린 날씨였다. 그러다보니 예상했던 거리를 다 걷지 못한 채 하이킹을 멈춘 날도 있었다. 심지어 마을로 탈출을 하는 상황도 있었다. 우리

행복해지는 법을
아무도
가르쳐주지 않아서

가 이 한 달 동안 만났던 많은 양의 비가 제발 AT에서의 마지막 비이 길 바란다.

AT를 시작하기 전, 이런저런 자료를 찾아보거나 사람들의 이야기에 의하면 미국의 3대 장거리트레일의 난이도는 AT, PCT, CDT 순서대로 쉽다고 했다. 내가 CDT의 절반 정도만 걸었고 AT를 한 달밖에 걷지 않았기 때문에 지금으로선 섣부른 판단일 수 있지만, 실제로 걸어보니 AT는 결코 쉬운 길이 아니었다. 그것은 거의 매일 만나는 비, 비가 아니어도 엄청나게 변덕스러운 날씨 때문일지도 모른다.

그럼에도 불구하고 자연에서의 삶은 무척이나 흥미진진하고 재미있다. 비가 오고나면 푸르른 숲은 더욱 녹음이 짙어진다. 나무냄새와 흙내음이 어우러져 내가 자연 한가운데 있음을 실감하게 해준다. 평생 대부분의 시간을 구름 밑에서만 지내다가 구름 속 혹은 구름 위를 걷는 느낌은 내가 좋아하는 영화 「바람과 함께 사라지다」의 엔딩씬을 연상시킨다. 게다가 속도를 낸 덕분에 많은 하이커들을 따라잡아 하이커친구도 꽤 생겼다. 앞서거니 뒤서거니 하면서 안면을 트고 서로의 안부를 묻는다. 미국 각지는 물론 세계 곳곳에서 모인 하이커친구들과 함께 만들어내는 그림은 불과 1년 전만 해도 내 삶에 없던 모습이었다. 한 달 동안 크고 작은 어려움이 있었지만, 다행히 남은 기간들을 설렘으로 맞이하게 될 것 같다.

블랙베어를 만나다

(Day 39 / 32km, Helveys Mill Shelter-Woods Road / Total 953.28km)

하이킹을 할 때 대부분 내가 앞에, 그가 뒤에서 걷는다. 평상시에는 두 손을 잡거나 팔짱을 끼고 걷지만 트레일은 좁은 길이 대부분이라 나란히 걷기에는 어려움이 있다. 상대적으로 속도가 느린 내가 앞장서서 페이스메이커의 역할을 하기도 한다. 혹시라도 긴급 상황이 발생할 경우에 전체적인 상황을 조망하거나 재빠르게 수습하기 위해 그가 뒤따라오는 것이 좋다. 물론 우려하는 긴급 상황은 거의 일어나지 않아 그가 앞장서서 걷는 경우도 있다.

트레일을 열심히 걷던 중, 갑자기 저 앞쪽에서 '다다다다' 소리가 나면서 검은색 커다란 물체가 빠르게 움직이는 것이 보였다. 블랙베어였다.

"오빠! 곰이야!"

얼마나 빠르게 뛰어가는지 뒤따라오는 그에게 알리기도 전에 곰은 저 멀리 사라져버렸다. 말로만 듣고 사진으로만 봐왔던 곰을 두 눈으로 목격한 첫 순간이었다. 2016년에 걸었던 CDT에는 그리즐리베어(Grizzly Bear)가 종종 나타나고 사람을 공격하는 경우도 있었다. 그리즐리베어는 영화 「레버넌트」에서 나왔던 곰으로 가장 상위 포식자에 속한다. 그와 반면 AT에서 발견되는 곰들은 블랙베어로 사람이 먼저 공격하지 않는 한, 공격성이 비교적 적다고 알려져 있다. 블랙베어가 사람을 잘 공격하지 않는다고는 하지만, 동물원이 아닌 야생에서 마주치니 몸이 마비되는 느낌이었다. 성인 곰은 아닌 것 같았지만 덩치가 얼마나 크고 속도는 또 얼마나 빠르던지. 곰을 실제로 보고나니 주위에서 발생하는 조그만 소리에도 혹시나 곰이 아닐까 하여 긴장된 마음으로 살펴보게 되었다. 계속 경계심을 늦추지 않는 내가 걱정되었는지 그가 앞장서서 트레일을 걷기 시작했다.

AT에서 야생동물을 마주하는 경우는 생각보다 잦다. 아무래도 우리가 걷고 있는 이 길은 도심의 길, 전원의 길 같은 곳이 아니라 산속 야생의 환경이기 때문이다. 마주하게 되는 야생동물들은 각양각색이다. CDT를 걸을 때는 현재 지구상에서 가장 몸집이 큰 종류의 사슴과 동물인 무스(Moose)를 만난 적도 있다. 불과 이삼백 미터 거리에서

말만한 사슴들이 뛰어가는 것을 자주 목격할 수 있었다. 우리는 직접 마주치지는 못했지만 CDT를 걷는 동안 몇몇 하이커들로부터 그리즐리베어를 마주하거나 공격을 당한 에피소드를 전해 듣기도 했다. 크고 작은 종류의 뱀은 너무나도 흔하게 마주할 수 있고, 흔히 머릿속에 떠올리는 모습의 사슴이나 소 떼는 동네 강아지나 고양이를 보는 것처럼 흔하게 볼 수 있다.

이런 야생동물들이 위험하지 않은지에 대한 질문을 종종 받는다. 물론 위험하다. 하지만 이들 역시 사람이 여전히 낯선 존재이고 다소 위협적으로 느껴지는 대상인지 사람을 경계하고 무서워한다. 처음으로 야생동물을 마주하면 심장이 두근대고 긴장하게 된다. 이는 사람을 본 야생동물도 마찬가지일 것이다. 사람을 본 야생동물들은 주로 도망가거나 가만히 있는 경우가 많아, 각자의 길을 가면 사실 별다른 위험사태는 발생하지 않는다. 다만 동물이 위협으로 여길만한 행동을 하여 동물의 심기를 건드리면 공격적인 성향을 드러내게 된다.

AT는 물론 CDT에서도 소를 키우는 지역을 종종 지나게 된다. 미국 소 중에는 검은 색깔의 소가 있는데, '검다'는 표현만으론 부족하리만큼 새까맣고 큰 눈을 꿈벅꿈벅거리는 자체로 위협적인 느낌의 소다. 어느 날 2,30마리의 검은 소가 있는 지역을 걷게 되었는데, 우리가 통과해야 하는 길을 소 떼가 가로막고 있었다. 한참을 서서 기다렸으나 소들은 풀을 뜯느라 우리 두 사람은 전혀 신경 쓰지 않고 길을 내줄 생각을 도통 안했다. 우리는 등산스틱을 이용하여 마치 소몰이를 하듯이 툭툭 쳐보았다. 그 행동이 대여섯 번 반복되자 서서히 소들이 움직이기 시작했다. 그런데 그 모양새가 왠지 공격 자세를 갖추는 듯한 느낌이었다. 새끼소들은 뒤쪽으로 스멀스멀 움직이고 덩치 큰 소들이 우리를 향해 조금씩 다가왔다. 아뿔싸. 우리가 두드린 등산스틱 소리가 소들을 위협했구나. 순간 등에 땀이 솟을 정도로 긴장이 되었다. 우리는 소들이 내어준 길을 간신히 뒷걸음치면서 빠져나올 수 있었다. 그동안 혹여 소들이 공격하지는 않는지 계속 살펴야 했다. 우리는 전혀 위협할 생각이 아니었는데, 소 입장에서는 공격으로 생각했던 모양이다.

그날의 경험을 교훈 삼아 이후 우리의 기준이 아니라, 동물의 입장에서 위협이 될 만한 행동은 하지 않는다. 그 덕분에 우리가 야생동물로부터 무사히 장거리트레일을 걷고 있는 것일지도 모르겠다. 야생동물과 사람이 서로 존중하고 배려한다면 트레일에서 평화적인 공존이 가능할 것이다.

(Day 44 / 32.48km, Bushcamp-Campbell Shelter / Total 1,112.64km)

넌 엄마 자부심이었던 거 알고 있지? 부족한 부모 만나서 고생도 많았는데, 싫은 투정 한 번도 안 하고 잘 자라줬어. 고맙고, 미안하고, 사랑해. 그리고 결혼 진심으로 축하해.

– 드라마 「아버지가 이상해」 중

　요즘도 아주 가끔, 너무나 생생하게 꾸는 꿈이 있다. 바로 엄마와 심하게 의견 충돌이 있었던 날의 꿈이다. 그날이 유독 기억나는 것은 어쩌면 엄마와 처음이자 마지막으로 다투었던 날이기 때문일 것이다. 평소 우리 집은 부모님과 다툰다는 것은 일상적이지 않고 잘못한 것이 있을 땐 부모님께 야단 듣는 것이 전부였다. (그렇다 해서 가부장적인 부모님은 아니었고, 그저 부모님의 의견을 잘 따르는 분위기였다.) 하지만 그날은 꾸중을 듣기보다는 엄마의 의견이 틀렸음을 이야기하고 싶었던 것 같다. 이런저런 자기항변을 내뱉다가 엄마의 가슴에 못을 박는 말까지 쏟아내 버렸다.

　지금 생각하면 그다지 억울한 일도, 엄마에게 그렇게 강력하게 대들 일도 아니었다. 딸이기 때문에 부모님의 마음을 이해하지 못하는 것에서부터 문제가 시작되었다. 엄마 역시 부모이기 때문에 딸의 상황을 100% 이해하지 못한 부분에서 발생된 문제였을 것이다. 물론 그날 이후, 나는 엄마에게 용서를 구했고 엄마는 나를 이해해 주셨다. 아니 이해하려고 노력하신 것일 것이다. 우리 모녀의 관계는 예전처럼 회복되었다. 하지만 나는 여전히 슬프고도 혼란스러운 그날의 엄마 눈빛이 잊히지 않는다. 그날의 기억들이 꿈에서 등장할 때면 꿈에서 보이는 엄마의 눈빛이 너무나 강렬해서 자다가 벌떡 깬 적도 있다. 그날의 일이 억울해서가 아니다. 그럼에도 불구하고 딸을 이해해 주시는 엄마의 마음 때문에 너무도 죄송스러워서일 것이다. 결국은 내리사랑의 승리인 셈이다. 아마 평생 엄마의 마음을 이해하지 못할 것이다. 내가 자식을 낳아 키우기 전까지는.

평소 한국 드라마를 잘 보지 않는 편인데, 이 드라마의 이 부분은 특별히 찾아보았다. SNS로 편집된 부분을 보았는데 가슴 깊이 와 닿았다. 모든 엄마들의 마음이 이와 같을 테지만, 마치 우리 엄마, 아빠가 나에게 하는 이야기 같았다. 나는 화장실에 들어가 한참을 울다 나왔다.

좋아하는 것을 하겠다고, 하고 싶은 것을 해보겠다고 안정된 삶과 가족으로부터 떠나는 딸을 이해하느라 얼마나 힘드셨을까. 직장생활을 그만두고 세계여행을 떠나겠다고 했을 때, 엄마는 나에게 신중히 다시 한 번 생각해볼 것을 권유하셨다. 남자친구와 함께, 그것도 결혼을 하고 여행을 하겠다는 것 때문이 아니었다. 제법 안정적이고 스스로 만족하고 있는 직장을 그만두면서 딸이 훗날에 혹여 마주하게 될 '경력단절 여성'이라는 문제를 최대한 피하게 해주고 싶으셨던 것 같다.

엄마는 두 딸에게 자신과 같이 희생하고 포기하는 삶을 살기보다는 주체적인 삶을 살기 바란다고 늘 이야기하셨다. 그렇게 입이 닳도록 말했는데, 혹여나 딸이 후회하는 선택을 할까봐 얼마나 걱정을 하셨을까. 부모의 품을 떠나 결혼을 하고 가정을 이루는 것만으로도 걱정이 많으실 텐데 여행을 하며 외국에서, 그것도 야생의 환경에서 지낼 딸을 얼마나 걱정하셨을까.

여느 때보다 엄마는 나에게 신중하게 판단할 것을 권유하셨다. 그리고 고민 끝에 결정을 내리자 나의 결정을 믿는다며, 언제든지 응원해 줄 것이라고, 우리는 항상 네 편이라는 말을 아끼지 않고 해주셨다. 엄마의 마음이란 얼마나 넓고 깊은 걸까. 그 내리사랑을 내가 어찌 이해할 수 있을까. 어쩌면 나는 평생 아빠 엄마의 마음을 이해하지 못할지도 모른다. 훗날 나에게 아이가 생긴다 해도 그분들처럼 할 수도 없을 것 같다. 그렇기 때문에 나의 결정으로 비롯된 이 여행을 통해 나는 더 행복해야 할 의무가 있다.

엄마가 좋아할 만한 풍경을 사진으로 담아 보내드리자 엄마는 '아름답다'며 좋아하셨다. 엄마 아빠의 자부심이 잘 지내고 있음에 더 좋아하신 것일 게다. 가슴 속에 항상 기억해야 할 문구가 또 생겼다.

행복해지는 법을
아무도
가르쳐주지 않아서

(Day 48 / 37.28km, Blackhorse Gap-Cornelius Creek Shelter / Total 1,196.32km)

The Great Honeymoon.

우리 부부가 AT 여정을 부르는 수식어 중 하나이다. 굳이 해석하자면 '위대한 신혼여행'쯤이 되겠다. AT 하이킹은 우리 두 사람이 함께하는 세계여행의 한 챕터이자, 우리 결혼식의 일부, 그리고 신혼여행의 일부이다. 2016년 여름휴가로 떠났던 미국에서 그의 청혼을 받았고 우리만의 결혼식으로 기억할 수 있는 시간을 가졌다. 꿈같은 휴가가 끝나고 그는 CDT로, 나는 한국의 일상으로 돌아갔다. 짧았던 2주간의 시간이었지만, 미국에서 그와 함께 한 시간을 생각해보면 시간이 멈춘 듯한 느낌이었고, 그 시간 속에서 우리 두 사람이 행복한 그대로 박제된 것처럼 느껴졌다. 함께한 시간이 있었으니 그 이후에 헤어짐의 시간은 더욱 그리움이 커졌다. 어느 날 그가 말했다.

"우리는 매일매일 행복한 삶을 보내길 바라는 사람들이지?"

"그렇죠. 행복한 하루하루가 모이면 평생이 행복해질 거라 생각하는 사람들이죠."

"생각해보니까 나는 너랑 같이 있는 게 가장 행복. 내가 장거리하이킹을 그만두고 너한테 갈까? 아니면 나랑 같이 세계여행을 할래?"

사실 처음 듣는 이야기는 아니었다. 미국 마운트 휘트니에서 두 사람만의 의미 있는 서약을 하면서 그와 함께 나누었던 이야기이기도 하다. 연애를 시작하자마자 10,000km가 넘는 거리의 장거리연애를 했고 다시 그를 만나기까지의 시간들, 그리고 다시 만나 함께 시간을 보내면서 우리는 함께하는 것의 소중함을 무엇보다 많이 느꼈다. 물리적인 거리와 별개로, 각자의 위치와 상황에서 최선을 다하며 동시대를 살아가는 것도 함께하는 것이라 느낄 수 있었다. 하지만 물리적인 거리가 없이 한 공간에서 함께한다면 더 좋겠다는 생각이 든 것이다.

두 사람이 함께하기 위해서는 그의 말처럼 우리 둘 중 한 사람이 큰 결정을 해야 했다. 그가 장거리하이킹과 여행을 멈추고 한국으로 돌아오든, 내가 일을 그만두고 세계로 몸을 내던져야 하든. 내가 결정하는 대로 따르겠다며 그는 나에게 선택권을 주었고 나의 선택만이 남았다. 그리고 나는 나의 과거, 현재, 미래를 곰곰이 생각해보았다.

돌이켜보면 나는 성인이 된 후, 여행에 대한 동경을 늘 품어왔다. 내 자신이 낯선 환경에 놓이는 것이 좋았다. 기존에 알지 못했던 또 다른 나의 모습을 발견할 수 있었기 때문이다. 그를 통해 내가 한 뼘이라도 성장할 수 있는 느낌이었기 때문이다. 대학생활과 직장생활 동안 틈틈이 여행을 다니긴 했지만 늘 여행에 목말랐다. 세계여행을 꿈꾸며 한비야, 김남희 씨처럼 여행가, 또는 여행 작가를 꿈꿨던 적도 있었다. 한때 스튜어디스를 지원했던 것도 세계 곳곳에서 새로운 것들을 경험해보고 싶어서였다. 그럼에도 내가 꿈을 실현시키지 못

했던 이유는 현실적인 문제가 컸기 때문이다.

여유롭지 않은 가정환경에서 자라면서 그간 다녔던 여행들도 아르바이트와 직장생활을 해서 모은 돈으로 다녀야 했다. 그렇기에 여행기간 및 경비에는 늘 제약이 있었다. 세계여행을 꿈꾸지만 실현시키지 못했던 대부분의 사람들이 이야기하듯 '목구멍이 포도청'인 관계로 나는 경제적인 것에서 자유롭지 못했다. 그것이 세계여행에 대한 꿈을 50대, 60대로 살며시 미뤄둔 이유였다. 또 세계여행을 떠나기에는 현실에 대한 욕심이 많았다. 세계여행을 하고 싶었지만, 그에 못지않게 사회에서 이것저것 하고 싶은 것이 많았고 꿈이 많았다. 대단한 수준까지는 아니어도 부와 명예, 혹은 타인으로부터 인정을 받고 싶었던 것일 수도 있다.

나의 과거를 기반으로 현재를 돌아보니, 내가 그에게 가느냐, 그가 나에게 오느냐에 대한 고민이 조금은 쉬워졌다. 몇 년간 열심히 직장생활하며 돈을 모아두었으니 적어도 2~3년 동안은 경제적인 문제를 걱정할 필요가 없었다. 그간 모아둔 돈은 빛의 속도로 줄어들고 또다시 경제적인 문제에 봉착하게 되겠지만 돈은 다시 벌면 되니 큰 문제가 아니었다. 그동안 직장생활과 사회생활을 하면서 세상에 대한 욕심은 크게 중요치 않다는 것을 느끼게 되었다. 물론 직장과 사회, 가정에서 나의 역할들을 잘 수행하여 인정을 받은 이유도 있었지만, 누군가에게 인정을 받고 나면 더욱 인정을 받고 싶어 하는 사람의 욕심은 끝이 없어 세상에 대한 욕심은 결코 채워질 수 없다는 것을 알게 되었다. 세계여행을 하고 싶어 했던 이하늘의 발목을 잡았던 요건들이 현재로서는 다 부질없는 것으로 느껴졌다. 더 이상 내가 떠나지 말아야 할 이유가 없었다.

하고 싶은 우선순위, 나에게 행복을 줄 것 같은 우선순위가 바뀌었다. 50대, 60대로 미뤄두었던 세계여행을 다시금 꿈꾸며 가슴이 두근거리기 시작했다. 매일이 나은 삶을 꿈꾸는 나로서 젊었을 때의 여행을 통해 성장할 수 있는 가능성을 경험해보고 싶었다. 사랑하는 사람과 함께 여행할 수 있다는 것이 그 어느 것보다 매력적이었다. 물론 걱정 근심이 없던 것은 아니다. 직장생활을 정리하고 함께 세계여행을 떠나는 것으로 마음이 기울기 시작하면서 온갖 걱정거리가 생기기 시작했다. 하지만 지금껏 알고 지낸 그의 됨됨이를 보면, 그와 함께 한다면 충분히 극복할 수 있는 걱정거리였다. 무엇보다 어려운 문제에 직면하더라도 잘 이겨낼 수 있을 거라고 나 스스로를 믿기로 했다. 그러자 미래에 대한 걱정보다는 그와의 여행을 선택하는 일이 명료해졌다.

그렇게 나는 여행자가 되었다. 어려서부터 꿈꿨던 것과 다른 것이 있다면 사랑하는 이, 평생의 반려자와 함께하는 여행자의 삶이라는 것이다. 나는 결혼식장에 들어가는 100m 남짓한 버진로드가 아니라 자전거를 타거나 하이킹을 하면서 서로를 알아가고 상대방에게 조금씩 맞춰가는 머나먼, 때로는 험난할 수도 있는 길을 선택했다. 몇 박 며칠로 끝나는 여행이 아니라 언제 끝날지 모르고, 언제 돌아올지 모르는 긴 신혼여행을 택했다. 물론 우리의 신혼여행을 부러워하는 이들이 많다. 하지만 그 속내를 보면 걷고 자전거 타느라 몸이 고되다. 땀과 비에 젖는 날도 많고 때로는 냄새가 나기도 한다. '신혼여행'이라는 단어가 주는 달콤하고 행복한 이미지는 아니지만, 우리 두 사람은 여느 신혼여행보다 의미 있는 여정을 만들어 갈 수 있을 거라고 확신했다. 우리의 The Great Honeymoon은 이렇게 시작되었다.

#해피 애니버서리 - 결혼에 대한 작은 생각

(Day 55 / 38.72km, Bushcamp-Bushcamp / Total 1,404.32km)

마을을 떠나는 것은 언제나 아쉽다. 이번 마을 웨인즈보로(Waynesboro, Virginia)는 특히 더 그랬다. 이 마을에 특별한 것이 있어서가 아니라 마을을 떠나는 다음날이 6월 21일, 바로 우리의 첫 번째 결혼기념일이기 때문이다. 우리 두 사람은 마운트 휘트니 정상에서 평생 동고동락하고 좋은 친구가 되기를, 긍정적인 영향을 주는 사람이 되기를 약속했다. 그리고 그날을 우리의 결혼식이라 생각하기로 했다. 하객도 없고 화려한 드레스와 정장도 입지 않아 그게 무슨 결혼식이냐고 하겠지만 이날이 우리에게는 의미 있는 날이 되었다. 몇 달 전부터 결혼 1주년 때는 어디에 있을지 궁금해하며 나름 큰 도시로 가서 좋은 레스토랑에 가볼까 생각도 했었다.

"내일이 결혼기념일인데 마을에서 하루 더 머물지 않아도 괜찮겠어?"

그가 물었다. 결국 우리는 마을을 떠나 산에서 1주년을 맞이하기로 했다. 남들처럼 근사한 레스토랑에서 보내는 로맨틱한 기념일은 아니지만, 어디에서 무엇을 먹는지가 뭐 그리 중요한 일인가. 세상에서 가장 소중한 사람과 함께 있는 곳이라면 어디든 좋지 않겠는가.

여자들은 대부분 결혼과 결혼식에 대한 로망을 가지고 있다. 인생

행복해지는 법을
아무도
가르쳐주지 않아서

에서 가장 축복받을 만한 일인 결혼은 남녀 모두에게 중요한 일이지만, 특히 여자들은 아름다운 드레스를 입고 꽃장식이 된 화려한 장소에서 많은 이들로부터 축하받는 순간을 꿈꿀 것이다. 이상하게도 나는 달랐다. 결혼을 꼭 해야 한다는 생각도 하지 않았지만, 무엇보다 한국에서의 결혼식을 볼 때면 무언가 불편함이 느껴졌다.

신랑과 신부가 결혼식의 주인공인데 정작 그들은 얼마나 축하를 받는가? 신랑신부가 아니라 가족들, 특히 부모님의 하객이 더 많은 것은 어찌된 영문일까? 막상 결혼식을 축하해주러 와서 식사만 하고 가는 것은 어찌된 것일까? 단 하루, 두세 시간의 결혼식을 위해 쓰는 엄청난 비용이 과연 합리적인가? 결혼풍습 중 이제는 시대적으로 불필요한 것도 많은데 아직까지 행해지고 있는 허례허식을 꼭 해야 할까? 등등 이런 생각의 끝에는 언젠가 결혼할 때가 되면 천편일률적인 결혼식보다는, 합리적이고 진심으로 신랑신부를 축하해줄 수 있는 사람들과 함께하는 자리를 만들고 싶었다. 매번 똑같은 결혼식보다는 기억에 남는 결혼식이면 좋겠다는 생각을 했다. 또한 결혼할 상대가 그 사람 자체도 중요하지만, 나의 생각과 잘 맞는 사람이면 더욱 좋겠다는 생각을 했었다.

그가 바로 그런 사람이었다. 그는 나의 결혼에 대한 생각에 절대적인 지지와 동의를 보냈다. 그 역시 비슷한 생각을 가지고 있는 사람이었다. 우리는 '결혼식'에 대한 이야기보다는 '결혼 이후의 삶'에 대한 이야기를 많이 나누었고, 부부로 함께 하는 삶을 준비했다. 결혼식을 준비하는 것에 지쳐 '결혼 이후의 삶'에 대해 충분한 논의 없이 결혼생활을 시작하는 사람들과는 사뭇 다른 모습이었다. 나는 그의 이런 점이 좋았다. 결혼은 결혼식 단 하루가 아니라, 부부가 되어 살아가는 결혼생활 자체를 의미하는 것이므로.

레스토랑에서의 특별한 외식도, 1주년 초가 꽂혀있는 케이크도 없이 트레일로 복귀한 뒤, 매번 먹던 것과 똑같은 저녁식사를 하며 결혼 1주년을 보냈다. 날이 날이니만큼 오늘은 종일 '결혼생활'에 대한 생각이 머릿속을 맴돌았다. 결혼식도 별다르게 하지 않았고 신혼집의 생활도 없이 바로 여행 중인지라 사실 내가 결혼했다는 것이 실감이 나지 않을 때도 있다. 하지만 1년 여간 그와 함께 세계 곳곳을 여행을 하며 웃고 울었던 일들이 차곡차곡 쌓여서인지 확실한 '나의 편'이 한 명 더 생겼다는 것이 느껴져 든든하고 행복하다.

1년 간 우리가 함께 경험하였던 많은 일들이 파노라마처럼 스쳐 지나갔고 앞으로 10년, 20년… 평생을 함께하며 쌓아갈 추억들이 기대된다. 얼마나 또 많은 일들이 우리에게 일어나고, 서로를 바라보며 함께 울고 웃게 될까. 서로에 대해 얼마나 더 많이 알아가게 될까. 우리가 단지 시간을 함께하는 부부가 아니라 오랫동안 진정으로 사랑하고 아끼는 부부가 되길 소망한다. 해피 애니버서리, 내 사랑.

(Day 58 / 49.12km, Bushcamp-US 522+Front Royal, Total 1,523.84km)

　미국의 3대 장거리트레일 중 PCT의 경우, 800km 이상의 트레일을 걷기 위해서는 퍼밋을 받아야 한다. 반면 AT, CDT는 그 전체 구간을 걷는다 해도 사전에 퍼밋을 받을 필요는 없다. 단, 내셔널파크의 경우 그곳에서 1박 이상을 하기 위해서는 백컨트리 퍼밋(Backcountry Permit)을 신청, 발급받아야 한다. AT를 걷는 동안 A T하이커는 두 번의 내셔널파크(국립공원)를 지난다. 그렇기에 노스캐롤라이나와 테네시의 그레이트 스모키 마운틴스 내셔널파크와 버지니아의 셰난도어 내셔널파크 구간에 대한 퍼밋을 받으면 된다. 두 곳뿐 아니라 미국 트레일 및 캠핑그라운드의 퍼밋은 대부분 자율신청제로 이뤄진다. (해당 내용은 부록참고) 자율적으로 퍼밋을 발급받아 배낭 혹은 텐트에 걸어두라고 하지만. 사실 그 퍼밋을 별도로 검사하는 일은 거의 없다. 하이커들 양심에 온전히 맡기는 시스템이 신기하다.

　AT 전체구간에 설치되어 있는 쉘터를 특이하게도 셰난도어 내셔널파크에서는 헛(Hut)이라는 이름으로 부른다. 내셔널파크 구간을 지날 때에는 쉘터나 캠프사이트에 대한 퍼밋을 받아야 하는 것과 동시에 가급적이면 헛이나 헛 근처에 미리 준비된 캠프사이트를 이용할 것을 추천한다. 만약 헛이나 미리 준비된 캠프사이트까지 도달하지 못하여 숲속에 텐트를 치는 경우에는 LNT(Leave No Trace, 부록참고) 규정을 따를 것을 권고하고 있다. 사람들이 자연을 즐기되 자연에 대한 피해를 최소화시키려는 움직임이다. 그러므로 하루에 걷는 거리를 보통 헛의 간격으로 잡는 것이 좋다.

버지니아의 웨이네스보로(Waynesboro)를 지나면 셰난도어 내셔널파크로 입성하게 된다. 그 모양이 가늘고 길게 생긴 국립공원의 거의 중심지점을 AT가 관통한다. 한국에 있는 가족에게

"우리는 지금 셰난도어 내셔널파크를 걷고 있어요!"

라고 하니, 언니가 대답했다.

"거기 스카이라인 드라이브(Skyline Drive)가 정말 좋은데!"

AT를 하면서 셰난도어 내셔널파크에 대한 존재를 처음 알았던 우리와 다르게, 미국 동부에서 7-8년가량 유학생활을 했던 언니는 이미 이곳에 대해 알고 있었고, 예전에 와봤다고 했다. 평소 아웃도어에 별다른 관심이 없던 언니가 이곳을 어찌 와봤냐고 묻자, 이곳은 미국 동부에서 드라이브 도로로 유명한 곳이라고 했다. 언니가 이야기한 스카이라인 드라이브는 셰난도어 내셔널파크의 산줄기를 지나가는 도로로, 자그마치 그 길이가 169km에 달한다. 스카이라인 드라이브가 셰난도어 내셔널파크의 높은 산줄기를 연결한 것이라면, AT는 그 산들을 오르내리면서 나있는 트레일을 걸으며 셰난도어 내셔널파크를 지나게 된다. 실제로 이곳은 주말이 되면 많은 차량과 오토바

이들이 스카이라인 드라이브를 즐기기 위해 오기도 하고, 특히 단풍 시즌에는 수많은 인파가 몰린다고 한다.

트레일을 걷고 있노라면 쌩하고 달려가는 자동차를 보고 부럽다는 생각이 들기도 했다. 하지만 뚜벅뚜벅 걸어서 셰난도어 내셔널파크를 관통하는 우리에게도 즐거움이 있었다. 바로 캠프그라운드에 있는 캠프스토어에 가는 것이다. 처음 장거리하이킹을 시작할 때는 잘 몰랐는데 어느새 나 역시 '하이커헝거'를 경험하고 있었다. 다음 마을까지 먹어야 할 식품들을 배낭에 챙긴 뒤, 트레일을 걷는 동안에는

그 식품 내에서 끼니를 해결해야 하기 때문에 늘 머릿속에는 그리운 음식들이 있다. 또한 하이커들이 하루에 8-10시간씩 걸으면서 소모되는 에너지의 양은 어마어마하기 때문에 장거리하이커들은 항상 배가 고프다. 순간순간 먹고 싶은 것을 먹지 못하는 것으로부터의 굶주림 또는 허전함이 하이커헝거의 3할은 차지할 것이라 생각된다. 그런데 셰난도어 내셔널파크의 캠프그라운드에 음식이나 간식류를 판매하는 캠프스토어가 있다고 하니 마치 로또에 당첨된 기분이었다.

셰난도어 내셔널파크를 지나는 AT구간에서는 로프트 마운틴 캠프그라운드(Lofr Mounain CG), 루이스 마운틴 캠프그라운드(Lewis Mouintain CG), 빅메도우 캠프그라운드(Big Meadow CG), 그리고 스카이랜드 리조트&레스토랑(Skyland Resort & Restaurant) 등 4개가량의 캠프그라운드나 리조트를 지나칠 수 있다. 물론 AT가 바로 그곳들을 지나가기보다는 주로 조금씩 더 걸어야 했지만, 그 거리가 1km 내외였다. 캠프스토어에서 먹고 싶은 과자, 시원한 음료수, 그리고 맥주는 물론 햄버거나 샌드위치 등 진짜 음식을 먹을 수 있다는 생각에 그 거리쯤은 충분히 감내하고 걸어갈 만했다. 셰난도어 내셔널파크 구간을 걸었던 저녁마다 텐트에서 하루를 마무리하며 다음날에는 어떤 캠프그라운드에 갈 수 있을까 가이드북을 뒤적거렸다. 그럴 때면 마치 어렸을 적 소풍 가기 전날과 같은 기분이 들었다.

셰난도어 내셔널파크를 걷다 보니 왜 이곳에 스카이라인 드라이브 같은 도로가 생겼는지 이해가 되었다. 능선을 따라 걷다 보면 내가 발을 딛고 서 있는 산과 푸르른 하늘이 바로 맞닿아 있는 느낌이었다. 또한 그 나무들이 얼마나 울창한지 풍경화를 잘 그리는 솜씨 좋은 화가가 그려도 이만큼 표현해내지는 못할 거라는 생각이 들었다. 무엇보다 이런 멋진 풍경을 즐길 수 있도록 날씨가 한 몫 해주었다. 날은 맑았고 햇빛은 쨍쨍하지만 바람이 살랑살랑 불었다. 산을 걷고 자연을 즐기기에 최적인 날씨였다. 모든 것이 만족스러운 셰난도어 내셔널파크였다.

아직도 적응 중인 AT

(Day 63 / 33.12km, Ashby Gap-Bushcamp / Total 1,615.04km)

1,000마일(1,600km)을 드디어 넘어섰다. 하이커들이 땅바닥에 돌과 나뭇잎 등을 이용해서 임의로 만들어둔 1,000마일 표식에서 사진을 찍고 공식적인 1,000마일 표식도 보니 감회가 새로웠다. 3,500km 기나긴 길의 첫 100마일을 넘으며 사진을 찍었던 것이 불과 얼마 전의 일 같은데, 어느덧 그것을 10번이나 했고, 이 길을 걷기 시작한 지도 두 달이 지났다.

누가 보면 별 것 아니라고 생각할 수 있다. 또 누군가는 괜한 일에 청춘과 돈, 에너지를 낭비한다고 할지도 모르겠다. 하지만 이 길을 걸어온 우리는 스스로를 대견해했다. AT를 시작한 지 얼마 안 돼서는 하루가 멀다 하고 쏟아지는 비 때문에 고생을 했는데, 이제는 무더운 날씨가 이어지는 계절이 되었다. 하루에 2,000~3,000m 넘게 오르막 내리막을 반복하는 여정 속에서 말이 '자연을 벗 삼아서'지 실상은 깜깜한 숲 속에서 낯선 소리에 예민하게 귀 기울이며 낮과 밤을 보낸 지 두 달이 되었다. 어느덧 두 번째 신발도 많이 낡아 새 신발을 사야 할 때가 되었다. 매일 지속되는 유산소 운동으로 불필요한 지방들이 빠져나가 몸도 제법 슬림해졌다. 무엇보다 내 두 발로 1,000마일, 즉

행복해지는 법을
아무도
가르쳐주지 않아서

1,600km를 걸어온 것이다.

동시에 이제 곧 이 길의 절반지점에 가까워지고 있다. 그러면서 매일의 수치적인 목표가 생겼다. 우리 부부는 '하루에 몇 km를 걸어야지' '어디까지 반드시 가야지'라는 목표보다는 당일의 컨디션과 날씨 등에 따라 하루에 걷는 거리를 유동적으로 조정한다. 하지만 이제 곧 AT의 절반지점에 가까워진다는 생각으로 하루에 걸어야 하는 거리를 미리 계획세우고 그에 맞춰서 걸으려 노력하고 있다. 그러다보니 걷는 것이 다소 부담으로 다가오는 날도, 몸이 피곤해도 거리를 채우기 위해 걸어야 하는 날도 생겼다. 더욱이 여름이 바짝 다가와서 날씨는 무덥고 습도도 높아져 하이킹을 할 때마다 엄청난 양의 땀을 쏟아내곤 했다.

그러다보니 길을 걸으면서 항상 즐거운 생각만 들지는 않는다. 때로는 '이 길을 걷는 것이 무슨 의미가 있을까?'라는 생각부터 '이 트레일 여정을 내가 어떠한 여행으로 기억하게 될까?' '이 여정에 쏟고 있는 시간과 비용, 에너지를 다른 것에 사용하면 더 재미있지 않을까?'와 같은 다소 부정적인 생각이 쓰나미처럼 몰려오기도 한다. 초반에 그가 힘들어하고 AT를 지루해하던 모습을 보며 내 머릿속에 생겨났던 질문을 나 스스로에게 던지기도 한다. 하지만 이것은 우리만의 문제는 아닌 것 같았다.

우리 부부보다 앞서 출발하였던 쉐퍼드가 자신의 SNS에 AT 미드포인트(절반지점)를 넘었다는 소식을 업로드했다.

"AT 미드포인트 넘은 걸 축하해! 어떻게 지내고 있어?"

이렇게 묻자, 그가 대답했다.

"축하 고마워! 그런데 난 아직도 AT에 적응 중이야."

이 길을 절반 이상 걸었는데 여전히 적응 중이라니. 그의 대답에 웃음이 나면서도 격하게 공감이 되었다. 1,600km를 지난 우리도, 이미 AT의 절반을 넘게 걸은 쉐퍼드도 여전히 AT트레일에 적응 중이었고 이 길에서 재미를 찾고 있었다. 쉐퍼드 역시 트리플크라운의 마지막 코스이기 때문에 그 마음이 희종과 비슷하지 않았을까.

행복해지는 법을
아무도
가르쳐주지 않아서

엄밀히 말해 우리에게는 아직 걸어온 길보다 걸어야 하는 길이 더 남았지만, 때로는 재미가 없고 지루하기도 하지만, 우리는 여전히 이 길에 대해 적응 중이다. 이것은 결코 우리만의 문제가 아니고 트리플 크라우너를 위해 의무감으로 걷고 있는 이들의 문제도 아니었다. 많은 하이커들이 긴 길 어디선가 우리와 비슷한 생각을 하고 있을 것이었다.

장거리하이커들끼리 '정신력'에 대한 이야기를 하는 경우가 종종 있다. 4-5개월씩 하나의 장거리트레일을 걷는 하이커들에게 엄청난 재미나 감흥이 매번 있을 수는 없기에 트레일의 절반 정도부터는 트레일을 걷는 것은 '정신력 싸움'이라는 이야기를 한다. 그래서 하이킹을 하는 도중에 마음을 다잡거나 분위기 전환을 위해 1-2주정도 주변 도시로 여행을 다녀오는 친구들도 있다. 정신력을 강화하기 위한 노력이라 할 수 있다. 우리에게도 그런 정신력이 필요한 때가 온 것일 수도 있다. 나의 최대 장점인 '긍정적인 마음가짐'을 살려 하루하루 새로운 마음으로 이 길에 임해보기로 한다.

(Day 66 / 28.64km, PA 16-Quarry Gap Shelter / Total 1,708.48km)

식량보급과 휴식을 위해 마을에 들어가고 떠날 때마다 우리는 대부분 히치하이킹을 한다. 처음 장거리트레일을 걷기 시작할 때는 '부끄러운데 히치하이킹을 어떻게 하지?'라는 생각이 들기도 했다. 도로에 서서 차를 향해 손을 드는 것이 꽤 뻘쭘했지만 이내 익숙해졌다. 아니 익숙해져야 한다. 이때 동시다발적으로 발생되는 생각들은 묘한 감정을 불러일으킨다. 마을로 가는 경우, 진짜 음식과 샤워 등 간절함이 있기 때문에 한 대라도 빨리 우리 앞에 차를 멈춰주고 우리를 태워주길 바란다. 반면 트레일로 복귀할 때는 '하루 더 쉴까'라는 생각에 히치하이킹을 설렁설렁 하는 경우도 있다.

히치하이킹을 시도하는 도로 위로 차량들이 많이 지나가지만 도통 차가 멈추지 않을 때는 나도 모르게 이렇게 혼잣말을 하기도 한다.

"해치지 않아요. 그저 배고프고 쉬고 싶은 하이커니까 태워주세요."

혹여 위험한 이의 차를 타게 될까봐 겁을 내는 내 마음과 같이 운전자 역시 히치하이킹을 시도하는 우리를 무서워할 수 있다는 생각이 들기도 해서다. 그러다보니 차량을 멈추는 이들은 타인을 향해 용기를 내는 이들이라는 생각에 새삼 그들에게 감사와 존경의 마음이 든다. 그들이 경계를 풀 수 있도록 나는 가능한 한 큰 미소를 띤 채 히치하이킹을 시도한다. 부끄러운데 히치하이킹을 어떻게 할까라고 생각했던 것은 어느새 잊어버리고 운전자들의 눈에 띄기 위해 리듬에 몸을 맡기는 경우도 있다.

동시에 우리를 태워주는 사람이 '친절한 사람이면 좋겠다'는 생각을 한다. 실제로 다소 위험한 사람이 운전하는 차량에 탑승했다는 에피소드가 하이커들 사이에서 전해지는 경우도 있다. 또 히치하이킹을 한 뒤에 범죄에 연루되는 경우도 간혹 발생되어 주의를 해야 한다. 그럼에도 불구하고 자신의 차에 태워주는 대부분의 운전자는 하이커들에게 호의를 베풀어 준다.

웨이네스보로(Waynesboro, Pennsylvania) 마을에서 트레일로 복귀하는 날, 느지막이 호텔 체크아웃을 하고 점심까지 먹은 뒤 트레일헤드로 가기 적당한 곳에서 히치하이킹을 시도했다. 도로에 서서 히치하이킹을 시도한 지 얼마 안 되어 귀여운 느낌의 빨간 지프트럭이 우리 앞에 멈춰 섰다.

"AT를 걷고 있나 보구나! 내가 태워줄게."

차량 뒤쪽이 픽업트럭(Pick-up Truck)처럼 되어있는 구조라 우리는 뒤에 올라타려 했다. 운전하던 할아버지는 우리 보고 짐만 뒤에 둔 채, 조수석에 같이 앉으라고 하셨다. 운전석과 조수석 단 두 자리밖에 없는 차량이라 희종과 나는 거의 몸을 포개다시피 쭈그리고 앉았다. 트레일헤드 방향으로 차를 운전하던 할아버지가 차를 멈춰 세

우고 말했다.

"우리 집 근처에 내 캐빈이 있는데 거기서 좀 쉬었다 갈래? 일기예보를 보니 오늘 폭풍이 온다고 하더라."

할아버지께서는 처음 본 우리에게 호의를 베풀어주셨는데, 우리는 망설였다.

"보통 하이킹은 몇 시 정도에 시작해? 내일 아침 하이킹하는 시간에 맞춰서 트레일헤드로 데려다줄 수 있어."

이제 곧 AT 미드포인트를 코앞에 두고 있고 미국의 대표적인 공휴일인 인디펜던스데이도 다가오기 때문에 기념행사를 구경하기 위해서라도 조금은 속도를 내야 하는 상황이었다. 동시에 우리 몸과 마음은 무의식적으로 휴식을 원하고 있었기 때문에 할아버지께 쉽게 답을 하지 못한 것이다. 할아버지가 재차 초대를 해주며 일반 캐빈으로 가보자고 이야기하셔서 우리는 알겠다고 했다. 얼마 가지 않아 캐빈이 나타났다. 외양을 보니 사람이 항상 사는 곳이라기보다는 간간이 지내는 듯한 집이었다. 폭풍도 온다 하니 쉬었다 갈까 했지만, 떠나기로 한 마음을 고수하기로 했다.

"할아버지, 제안은 감사하지만 우린 갈 길을 가야겠어요. 미안해요."

"괜찮아. 트레일헤드에 데려다줄게."

할아버지는 다시 차를 운전하여 트레일로 우리를 데려다주었다. 그것도 원래 우리가 내리려던 지점보다 조금 더 비포장도로로 올라간 곳까지 데려다주셨다. 운전하는 내내 곧 폭풍이 온다는 일기예보를 봤다며 우리를 걱정해주셨고 헤어질 때는 직접 차에서 내려 끝까지 조심히 여행하라는 인사까지 해주셨다.

할아버지뿐만이 아니었다. 도로 위에서 손들고 있는 우리를 별다른 의심 없이 차에 태워주고, 목적지까지는 아니어도 1-2km라도 태워주겠다는 사람도 많았다. CDT를 걸을 때 만났던 한 노부부의 경우, 차를 태워주었을 뿐만 아니라 점심까지 사주셨다. 게다가 1인당 50달러가량의 곤돌라 티켓을 구매해 우리에게 멋진 경험까지 선사해주었다.

자신이 가는 곳과 같은 방향이라면 차에 태워주기 그나마 쉽겠지만, 가던 길과는 무관하게 몇 마일이나 더 운전하여 데려다주는 마음은 어디에서 나오는 걸까. 처음 본 사람을 자신의 집에 머물라고 할 수 있는 사람의 마음은 무얼까. 처음 본 사람에게 식사대접과 적지 않은 선의를 베풀어 주는 마음은 과연 무얼까. 이런 문화가 미국에서만 가능한 걸까. 한국이라면 어떨까. 내 자신이 운전석에 앉아있는 사람이라면 히치하이킹을 하는 사람을 보고 어떻게 행동할 수 있을까.

이러한 도움들 덕분에 우리가, 그리고 수많은 하이커들이 장거리트레일을 마칠 수 있을 것이다. 장거리트레일이나 세계여행뿐 아니라 지금껏 살아오면서 만난 크고 작은 도움의 손길이 있어서 내가 '삶'이라는 여행을 더욱 행복하게 누리고 있다는 것을 깨닫게 되었다. 길 위에서 만난 트레일엔젤들뿐 아니라, 내가 인생이라는 여행을 할 수 있도록 이끌어준 나의 수많은 엔젤들에게 감사를 표한다.

행복해지는 법을
아무도
가르쳐주지 않아서

미드포인트, 그리고 인디펜던스데이

(Day 69 / 0km, Zeroday / Total 1,807.36km)

드디어 AT의 미드포인트를 넘었다. 그것도 하루에 세 개의 미드포인트를. AT를 걸으며 이용하고 있는 가이드북에 'AT Midpoint(2017)'라고 적혀있는 것을 보고 무언가 이상하다는 생각을 했다. 뒤에 '2017'이 왜 붙어있는 걸까? 그에 대해 조금은 의아해하며 열심히 걷고 있는데, 트레일 한쪽에 앉아 쉬고 있던 하이커들이 우리를 불러세웠다.

"안녕! 너네 혹시 쓰루하이커야?"

"응. 열심히 걷고 있지!"

"여기 미드포인트 표시가 있어. 사진 찍고 가야지!!"

그저 트레일헤드라고 생각하고 지나치고 있었던 우리에게 미드포인트 지점임을 알려주었다. 그런데 어째 우리가 사진으로 보았던 미드포인트 사인과 달라보였다. 알고 보니 바로 그곳에는 '2017년의 미드포인트'라고 적혀 있었다. 산불이나 구간별 토지재생 등의 이유로 트레일이 조금씩 변경되기 때문에 매해 미드포인트 지점이 조금씩 달라지는 것이었다. 2017년의 미드포인트가 1751.8km 지점에 있는 걸로 봐서 2017년 AT하이커들은 총 3,503.6km를 걷게 되는 것이다. 2017년의 AT

미드포인트를 지나 조금 더 걷다 보니 우리가 사진에서 봤던 바로 그
곳이 나왔다. 그리고 또 얼마 안가 AT 뮤지엄(AT Museum) 앞에서도
또 미드포인트 표시를 볼 수 있었다. 매년 트레일 길이가 점점 늘어나
는 추세인지 AT 중간지점에서부터 북쪽으로 마운트 카타딘, 남쪽으로
스프링어 마운틴까지의 마일 수도 점점 늘어났다.

희종은 PCT와 CDT를 걸을 때, 중간지점을 지나기 전까지는 '얼른
이 길을 끝내고 싶다'라는 생각이 지배적이었다고 한다. 하지만 중간
지점을 지나서부터는 아쉬움이 든다고 했다. 트레일을 걸을 수 있는
시간이 점점 짧아지는 것이, 그 길과 헤어질 시간이 다가온다는 것이
아쉬웠을까. 예전에는 그 말이 크게 와 닿지 않았는데 서서히 이해가
되기 시작했다.

나의 첫 장거리트레일 쓰루하이킹인 AT 여정도 이제 절반 지점을

행복해지는 법을
아무도
가르쳐주지 않아서

넘었다. 이제 걸어가야 할 길이 걸어온 길보다 점점 짧아지게 된다. 아직도 반이나 남았다고 투덜대기보다는 이제 반밖에 안 남았다고 아쉬워하게 될 것만 같다. 가는 시간을 붙잡을 수는 없고, 반이나 걸었기 때문에 반밖에 안남은 길을 포기하기도 아쉽다. 그렇다면 내가 할 수 있는 것은, 이 트레일을 걷는 나머지 절반의 시간을 더욱 재미있고 의미 있게 보내는 것이다.

장거리트레일을 시작하면서 나름 욕심 부렸던 것은 '새로운 경험'이었다. 나는 글과 그림으로 보고 배우기보다는 직접 경험하면서 학습하는 'Learning by Doing'을 나름의 학습관으로 가지고 있는 경험주의자에 가깝다. 이러한 경험주의자, 새로운 경험에 대한 욕심이 나를 세계여행이라는 길로 더 강하게 이끌고 있는지도 모른다. 나라별, 민족별, 지역별 다양한 음식, 문화, 축제와 그들의 생각을 직접 경험해보고 싶었다. 장거리트레일을 걸으면서도 마찬가지였다. AT 여정으로 미국에 처음 온 것이 아니었기에 이전에 미국여행을 했던 기간을 합치면 근 두 달 가까이 된다. 하지만 그때 내가 경험한 미국은 유명한 도시 위주였기에 한정적이었다. 그래서 하이킹을 하는 4~5개월의 시간동안 미국의 다양한 면모들을 더 깊게 경험하고 싶었다.

때마침 매번 TV와 사진으로만 봐왔던 인디펜던스데이(Independence Day, 7월 4일)가 다가왔다. 인디펜던스데이는 독립선언을 기념하기 위한 날로 미국 곳곳에서는 불꽃놀이, 크고 작은 퍼레이드, 콘서트 등 다양한 축하행사가 함께 진행된다. 중고등학교 때 즐겨보았던 미국 드

라마 「프렌즈(Friends)」를 비롯한 영화와 드라마 등에서 보았던 불꽃놀이와 퍼레이드를 실제로 볼 수 있을 거라는 생각에 가슴이 두근거렸다. 2015년 PCT, 2016년 CDT를 걸으며 두 번의 인디펜던스데이에 마을에서 벌어지는 퍼레이드를 구경하고 참여했던 그의 이야기는 가슴을 더 뛰게 만들었다. 미국에서 큰 공휴일이기 때문에 도시에서뿐만 아니라 크고 작은 마을에서도 나름의 행사를 한다고 했다. 생각해보니 그가 CDT를 걸으면서 인디펜던스데이를 맞이했을 때(나는 슬슬 회사와 한국생활을 정리하며 떠날 준비를 하고 있었다.) 한 작은 마을에서 진행된 퍼레이드에 참여했던 사진을 보았던 기억이 났다.

우리는 인디펜던스데이를 마을에서 맞이하기 위해 분주히 걸어와 근처 큰 마을에서 즐기기로 했다. 드디어 칼라일(Carlisle, Pennsylvania)에 도착했다. 인디펜던스데이 행사와 관련하여 마을까지 우리를 태워준 사람과 호텔 데스크 등에 물어봤는데, 기대와 다른 대답들만 돌아왔다.

"인디펜던스 불꽃놀이는 어제 했을 거야."

"아마 내일 저녁에 불꽃놀이를 할 거야. 근데 칼라일에서 하는 건 아니고 해리스버그(Harrisburg, Pennsylvania)에서 할 걸."

"해리스버그에서는 내일 퍼레이드가 열릴 거야."

우리가 도착한 칼라일에서는 이미 지난 밤 불꽃놀이를 했고 올해는 퍼레이드가 없다고 했다. 희종의 CDT 여정에서는 이곳 칼라일보다 훨씬, 아주 훨씬 작은 마을에서 맞이했는데, 그 마을에서도 한 퍼레

이드가 이곳엔 없다니. 믿기지 않았다. 또한 불꽃놀이나 퍼레이드가
열린다는 해리스버그는 그 거리만 40km가 넘었다. 인터넷에서 여러
모로 찾아보았지만 언제, 어디서 한다는 정보가 정확치 않아 애매한
상황이었다. 결국 인디펜던스데이에 대한 경험은 이번에도 역시 TV
로 대신해야 했다. 무척 아쉬웠지만 미국 현지에서, 실시간 TV로 인
디펜던스데이를 경험했다는 것으로 '경험주의자'는 아쉬운 마음을 다
독여야 했다.

행복해지는 법을
아무도
가르쳐주지 않아서

3부

인생에서 가장 필요한 것은 공식트레일을 나타내는 흰색과 사이드 트레일인 하늘색 모두를 인정하는 것이 아닐까. 사실 흰색이나 하늘색이나 어느 하나 틀린 것은 없다. 대신 여기로 가면 빨리 가는 곳, 이곳은 잠시 딴눈 파는 곳으로 모두 옳은 길일 테다. 잠시 돌아 가느냐 마느냐의 차이이고, 속도나 거리의 차이일 뿐. 우리 삶에는 이런 색 구분보다는 그 어떤 것도, 즉 방황이든 직진이든 간에 모두를 옳다고 하는 문화가 필요하다.

하루 세 번 만난 트레일엔젤들

(Day 74 / 24.8km, PA 645-Bushcamp / Total 1,931.52km)

파인 그로브(Pine Grove, Pennsylvania) 마을에서 충분한 휴식을 취하고 며칠 동안 내린 비로 젖어 있던 배낭과 옷가지 등을 햇볕에 보송보송하게 말릴 수 있었다. 호텔에서 체크아웃을 한 뒤 바로 옆에 있는 맥도날드에서 간단히 아침 겸 점심을 먹고 출발하기로 했다. 히치하이킹을 시도할 때 운전자들에게 우리의 목적지를 분명히 인식시키기 위해 종이에 목적지를 적어 팻말을 들고 있곤 한다. 트레일로 히치하이킹을 하기 위해 팻말을 만드는 도중, 뒷자리에 앉은 할머니들 중 한 분이 우리에게 말을 걸어왔다.

"애팔래치아 트레일을 하고 있는 중이야?"

"맞아요!"

"마을에 온 거니? 아님 트레일로 가는 거니?"

"어제 와서 하루 쉬고, 이제 트레일로 가려구요."

"645번 도로로 갈 거야? 그럼 내가 태워줄게."

놀라웠다. 히치하이킹을 위해 손을 들지도 않았는데 태워준다는 이가 나타나다니! 아무래도 역사와 전통이 오래된 AT이다보니 일반인들도 트레일에 대해 익숙히 알고 있는 듯했다. 물론 우리에게 말을 건넨 시간이 할머니께서 방금 햄버거를 주문한 때라, 친구분들과 식사를 마치고도 대화 나누시는 것을 한참 기다려야 했다. 하지만 그쯤이야 큰 문제가 되지 않았다.

할머니의 도움으로 아주 손쉽게 트레일에 복귀한 뒤, 1km도 채 가지 않았을 때 트레일에 아이스박스가 놓여있는 것이 보였다. 하이커라면 누구든 길 위에 놓여있는 아이스박스를 보면 두근거리는 마음이 들 것이다. 우리는 마을에서 출발한 지 얼마 안 되었지만 두근대는 마음은 여전했다. 아이스박스를 열어보니 얼음이 가득 담겨있고 여러 종류의 탄산음료가 있었다. 배낭에는 이미 마을에서 챙겨온 음료수가 있었지만 반가운 트레일매직이었다.

비가 오거나 습하고 더웠던 지난 며칠과 다르게 날씨가 좋으니 기분도 무척 좋았다. 기분 좋게 걸어가던 중 501번 차도를 만났는데, 어디선가 우리를 부르는 소리가 들렸다. 차도 옆 주차공간에서 피크닉 의자에 앉아있던 이들이었다. 이번에도 트레일매직이었다. 할아버지 한 분이 우리에게 걸어오더니 차량 트렁크를 열어 이것저것을 꺼내주셨다.

"이 주스는 스페인산인데 직접 과즙을 짜낸 진짜 주스야."

"너네 라면 먹어? 이 페퍼로니를 라면에 넣어서 먹으면 정말 맛있어."

"에너지바도 있고 초콜릿도 있어."

"부드러운 요거트도 있어."

"무릎보호대랑 옷가지도 있어."

할아버지의 차는 만물상 같았다. 지금까지의 트레일매직에서는 준비해온 것들을 진열해두었는데, 할아버지는 일일이 설명해주시며 우리에게 물품을 하나라도 더 챙겨주고 싶어 하셨다. 마치 우리의 할아버지, 할머니들이 명절에 고향을 찾은 자녀와 손자손녀들을 챙기는 듯한 느낌이었다. 마을에서 트레일로 복귀하는 길이라 식량도 넉넉했지만 할아버지의 계속된 물량공세를 받지 않을 수가 없었다. 우리의 두 손과 배낭은 금세 여러 종류의 물품으로 가득 찼다.

AT에서 많은 사람들과 트레일매직을 만나고 트레일엔젤들의 도움을 받지만, 오늘은 특히 다양한 도움과 정을 듬뿍 받은 날이었다. 화창하게 빛나는 햇볕에 날씨도 좋고 마을에서 갓 나온지라 배낭에 먹을거리도 두둑하니 행복했다. 무엇보다 사람의 정을 가득 받아 행복감이 넘쳐났다.

아, 순댓국!

(Day 78 / 34.08km, George W. Outerbridge Shelter-PA 33+Wind Gap / Total 2,044.96km)

한국에서 2-3일정도 산에 가는 경우에도 진짜 음식, 혹은 챙겨오지 못한 음식에 대한 생각은 간절하다. 나는 한국의 산을 다닐 때면 이상하게 팥빙수와 물냉면이 자주 머릿속에 떠올랐다. 배낭 속에 라면, 김치, 삼겹살, 소주 등이 있는 경우에도 그러한 음식들은 챙겨오기 어렵기 때문일 것이다. 하물며 3-5일마다 마을에 내려오게 되는 장거리트레일에서는 어떠할까? 3-5일 동안 먹을거리를 모두 짊어지고 다녀야 하기 때문에 가급적이면 건조식, 간편조리식 등을 챙기게 되고 최소한의 식품들을 챙기다보니 음식에 대한 열망이 커지게 된다. 또 미국이라는 다른 문화권이라, 마을에 내려와서 먹을 수 있는 것들이 그나마 햄버거, 피자, 치킨 등이라면 어떠할까? 다행히도 미국의 마트에서 한국라면을 판매하는 경우가 많기 때문에 한국의 맛을 그로 대체하고 있긴 하지만, 한국음식이 그리워지는 것은 어쩔 수 없다.

한국음식이 간절한 우리에게 한줄기 빛이 다가왔다. AT를 처음 시작하기 위해 스프링어 마운틴까지 셔틀서비스를 제공해주신 애틀랜타 산악회 회장님께서 가족여행 차 뉴욕 쪽으로 올라오신다는 것이었다. 애틀랜타부터 뉴욕까지 오가는 길에 우리가 있는 지역을 지날 것 같다며 혹시 한인마트에서 필요한 것이 있으면 배달해주겠다고 하셨다. 우리 두 사람은 그간 먹고 싶어 했던, 머릿속으로만 상상했던 음식들을 풀어내기 시작했다. 미국마트에서는 아무래도 한정적인 맛의 라면만 판매하기 때문에 한국라면, 순댓국, 소주, 혹시 족발도 판매하고 있다면 한 팩 부탁드렸다.

그 후 우리가 할 일은 회장님과 만나기 위해 마을까지 부지런히 걷는 일만 남았다. 날씨가 흐리고 비바람이 불었지만 오직 순댓국만을 생각하면서 걸었다 해도 과언이 아니다. 마침내 우리는 펜실베이니아의 윈드갭(Wind Gap)이라는 마을에서 그 음식들을 만날 수 있었다. 정말 오랜 시간동안 머릿속으로 꿈꿔왔던 순댓국이었다. 물론 한국에서 먹던 맛과는 조금 달랐고, 포장 배달된 순댓국을 팔팔 끓여먹지 못하고 전자레인지를 이용하여 데워먹어야 했지만 그 맛은 말할 수 없이 훌륭했다. 애틀랜타에서 AT를 출발하기 전날에도 애틀랜타의 한인음식점에 가서 먹을 정도로 우리는 순댓국을 열광적으로 좋아한다. 거기에다 족발과 소주까지 더해지니 요 며칠 걸었던 펜실베이니아의 힘든 구간을 모두 보상받는 느낌이었다.

'락실베이니아(Rock-sylvania)'

AT 하이커들이 트레일이 지나는 14개 주 중 하나인 펜실베이니아를 부르는 표현이다. AT의 펜실베이니아 구간은 암릉지대 구간이 많아서 그렇게 부르곤 한다. 아니나 다를까, 펜실베이니아 주에 들어서자 연거푸 크고 작은 돌 위로 걷는 돌길이 이어졌다. 가이드북의 고도표를 보면 크게 오르막이나 내리막 없이 평평해 보였지만, 실제 펜실베이니아 구간을 걷다 보면 다리와 발의 피로도가 엄청났다. 어느 날은 큼직한 돌들이 제각각의 모양으로 놓여 있는 길을 따라 걷다보니 갑자기 돌무더기들이 우리의 시야를 가렸다. 길을 찾아 두리번거리는데, AT의 길 표식인 화이트 블레이즈(White Blaze)가 바로 돌무더기들 위에 그려져 있고 그 위쪽을 향해 연결되어 있었다. 그 위로 돌을 타고 올라가라는 뜻이었다.

이곳은 기존의 AT 길과 차원이 달랐다. 큼직한 바위들이 하늘을 향해 솟아있었고 우리는 그 위를 걸어야 했다. 단지 두세 개의 바위가 아니라 수많은 돌들이 서로 다른 돌들에 기대어 켜켜이 쌓여있는 지대였다. 이 길에 비하면 그간의 길들은 자갈길과 같았다. 이 돌을 밟으면 혹시 무너지지 않을까, 걱정도 되었다. 나의 신체적 약점인 발목이 접질리지 않도록 조심해야 했다. 길을 안내해주는 화이트 블레이즈가 오르막을 향하다가 내리막길로 인도해주면 좋겠다고 생각했는데, 그 바위들 가장 높은 곳까지 표시되어 있었다. 고도표에서는 잘 나타나지 않았던 이런 구간들이 종종 등장하는 곳이 바로 락실베이니아, 펜실베이니아였다.

우리는 그간 절반 이상을 잘 걸어왔음을, 그리고 힘들었던 펜실베이니아 구간이 곧 끝난다는 것을 순댓국과 족발, 소주로 축하했다. 이제 곧 펜실베이니아가 끝나고 AT의 8번째 주, 뉴저지(New Jersey)로 향하게 된다.

알을 깨고 나오는 과정

밤새 내린 비가 아침까지 이어졌다. 비가 멈추길 기다리다보니 여느 때보다 출발이 늦어졌다. 트레일을 걸으며 비를 맞는 것보다는 텐트 속에서 빗소리를 들으며 쉬는 것이 더 좋다. 쉬다 보니 어느덧 텐트 위로 떨어지는 빗방울소리가 들리지 않는다. 이제 출발을 해야 할 때. 다행히도 걷다 보니 구름이 걷히고 서서히 해가 나오고 있었다.

AT가 위치한 미국 동부는 꽤나 습한 편이다. 동시에 우리가 걷고 있는 2017년은 그 어느 해보다 비가 잦다고 했다. 며칠 전 만났던 한 트레일엔젤 아저씨는

"내가 걸었던 2016년에는 비가 거의 없었어. 그래서 식수를 구하기 힘들 정도였다니까!"

라며 우리에게 위로 아닌 위로를 건넸다.

한국에서도 산을 자주 다녔지만 이만큼 비를 맞았던 경험은 적다. 대개 비가 온다는 일기예보가 있으면 산행 계획을 미루기 때문이다. 그래서인지 AT를 시작한 초기에는 비를 맞는 것이 꽤나 고역스러웠다. 한두 시간정도 오는 비는 감당할 수 있었으나, 하염없이 계속되는 비에는 많은 것이 달라졌다. 아무리 성능 좋은 방수재킷도 계속되

는 비에 점차 젖기 시작했다. '가랑비에 옷 젖는다'라는 속담이 괜한 말이 아님을 실감할 수 있었다. 게다가 체온을 뺏기지 않기 위해 쉬지 않고 걸어야 해서 몸의 피로도도 커지곤 했다. 어느 날은 8시간 가까이 쉬지 못하고 걷기도 했다.

대개 비가 오면 사람들은 우산 속으로 몸을 피한다. 반면 하이킹을 할 때는 비를 오롯이 맞게 되고, 그 비와 그로부터 발생되는 어려움들을 내 스스로가 견뎌내야 한다. 어느 날 문득, 이런 상황들이 어린 존재가 알을 깨고 나와 세상에 부딪히는 최근 나의 모습이라 여겨졌다.

대학교에 입학한 뒤에도, 사회에서 규정하는 성년이 되고 난 뒤에도 난 여전히 어렸다. 세상의 모든 것을 알고 있다고 생각했지만 모르는 것이 태반이었다. 하지만 그때는 몰랐다. 스스로 모든 것을 할 수 있다고 생각했지만 실제로 할 줄 아는 것은 세상을 살아가며 겪게 되는 일들에 비하면 극히 일부에 불과했다. 아마도 머릿속 어딘가에 '아직은 몰라도 돼' 그리고 '아직은 기댈 곳이 있잖아'라며 스스로 알을 깨는 것을 부정했던 것일 수도 있다. 여전히 부모님의 등 뒤로 숨기에 바빴다. 직장생활을 하면서도 마찬가지였다. '이 정도 어른이 되었으니 세상의 어떤 일이든 다 이겨낼 수 있어!'라고 외쳐댔지만, 언제든지 숨을 수 있는 곳을 찾기 급급했다. 어른이지만 어른인 척하는 어린 존재에 불과했던 것이다.

하지만 세계여행을 떠나고 야생에서의 생활을 이어가면서 조금씩 나를 둘러싸고 있던 그 알이 깨지기 시작했다. 세상에는 생각했던 것

행복해지는 법을
아무도
가르쳐주지 않아서

보다 훨씬 어렵고 복잡한 일들이 존재했다. 그리고 이제는 그것에 직접 부딪히고 그 일들을 해결해나가야 했다. 부모님으로부터 정서적, 경제적 독립을 해가면서 누군가의 도움이 아닌, 스스로 해야 하는 일들이 많아졌다. 이제 더 이상 나를 답답하게 규정짓고, 때로는 보호해주었던 조직생활이 없다. 더 이상 비를 피할 수 있는 우산이 있는 것이 아니다. 비를 스스로 감당해내야 하는 순간이 온 것이다.

　우산을 쓰지 않고 쏟아지는 비를 그대로 맞는 것은 나를 오롯이 바라보게 하는 데 큰 도움이 되었다. 비를 맞는 것이 얼마나 따갑고 힘든 일인지 알게 해주었다. 이슬비부터 폭우, 때로는 우박까지 맞으며 세상에는 얼마나 다양한 종류의 비가 있는지 알게 해주었다. 내가 어떤 강도까지 버틸 만한 체력과 정신력을 갖춘 사람인지를 인지하게 해주었다. 그리고 빗속에서 살아남기 위해서는 어떤 준비를 해야 하는지 스스로 찾게 만들었다.

　비를 맞는 것에 대한 새로운 인식이 생기니 비에 대해 투덜대기보다는 그 자체를 감당할 수 있는 힘이 생겼다. 이것을 잘 견뎌내는 것 자체가 알을 깨고 나오는 작은 움직임의 시작이라 생각되었다. 또한 PCT나 CDT에서 '눈'과 '고산'을 빼놓을 수 없듯이 AT를 이루는 요소 중 하나인 '비'를 피하지 않고 즐김으로써 이 길을 더욱 즐기게 되는 것이라 느끼게 되었다. 물론 사람은 적응하는 동물이라, 비에 적응한 것도 있으리라. 다시 내리던 빗줄기가 가늘어졌다.

두 분은 안 싸우세요?

(Day 82 / 33.12km, Gren Anderson Shelter-Unionville / Total 2,140.64km)

뉴저지 주의 트레일은 대체로 평평한 편이고 이전 펜실베이니아 구간처럼 돌이 많은 길도 아니어서 비교적 편하게 걸을 수 있었다. 다만, 이상하게 산 속에 흐르는 물색이 주홍빛, 심지어 갈색빛인 경우도 있었다. 호기심으로 냄새를 맡아보았는데, 약간의 물비린내가 나는 것 같았다. 산 속의 물이 오염된 것이 아니라, 오랫동안 낙엽 등 침전물이 생겨서 흐르는 물의 색이 바뀐 것 같아 보였다. 우리는 최대한 깨끗한 물을 확보할 수 있을 때 물을 챙기면서 걷기로 했다.

트레일의 상황이 걷기에 편해지니 우리 둘의 이야기는 끝없이 이어졌다. 우리는 참으로 다양한 이야기를 하며 하이킹을 한다. 연애하기 이전, 친한 친구로 지낼 때에도 다양한 주제로 이야기를 했는데, 함께 세계여행을 하면서 대화의 소재가 더 넓어지고 깊어졌다. 두 사람 모두 워낙 대화하기 좋아하는 성향이라 그런 것도 있겠지만, 궁금한 것을 못 참고 계속 질문을 던지면서 이해하려는 그의 성격이 크게 한몫 하기도 한다.

지난 밤 머물렀던 캠프사이트를 출발한 지 얼마 안 돼서 이런 저런 이야기를 하던 중 기독교에 관련된 이야기로 흘러갔다. 우리가 하는 다양한 이야기 주제 중, 유독 스타벅스, 종교, 그 중에서도 특히 기독교, 정치, 그리고 아웃도어 관련 이야기가 많다. 아웃도어야 우리 부부의 공통 관심사인데다가 그가 근무했던 분야여서 내가 모르는 것을 많이 알고 있었고 주로 내가 질문을, 그가 대답을 하는 편이다. 반면 스타벅스와 종교, 특히 기독교 관련해서는 주로 그가 질문을, 내가 답을 하는 경우가 많다. 여행을 떠나오기 전, 내가 스타벅스커피코리아에서 매장관리직(부점장 및 점장)으로 4년간 근무하였고, 어려서부터 교회에 다녔던 이력이 있기 때문이다.

　하지만 여기서 문제가 종종 발생한다. 내가 속해있었던, 혹은 속해 있는 집단이어서인지 나는 간혹 그의 끝없는 질문에 예민하게 반응하곤 한다. 그는 그저 궁금해서 질문을 하고 정답이 아닌 나의 의견을 묻는다고 하는데, 그 질문이 때론 집요해서 끝날 기미를 안 보일 때가 있기 때문이다. 질문과 답이 오가는 과정에서 그가 자신의 의견을 계속 관철시키려는 것은 아닌가 하는 생각이 들 때가 있다. 나는 이리저리 말을 바꿔가며 의견을 이야기하지만 그 논쟁 속에서 때로 지치기도 하고, 무엇보다 내가 알고 있는 것들을 정확히 설명하지 못할 때면 답답함도 느낀다. 특히 종교이야기를 할 때는 나의 이야기에 혹시나 무교인 그가 잘못된 종교관을 가지거나 편향된 시각으로 특정 종교를 바라보게 될까봐 걱정이 되곤 한다.

　오늘 역시 비슷한 상황이었다. 기독교와 관련된 이야기를 하다가 그가 '기독교인들은 과연 모든 것을 하나님의 섭리로 보는가?'에 대한 질문을 했다. 한두 개로 시작된 질문은 꼬리에 꼬리를 물고 이어 졌다. 나는 정리가 되지 않았지만 나름 이야기를 침착하게 이어나가 려 노력했다. 하지만 그의 결정적인 질문에 나는 얼어붙고 말았다.

"만약 하이킹을 하다가 사고가 났어. 그래서 내가 죽으면 그것도 하나님의 뜻이라고 생각할 거야?"

그렇다 혹은 아니다, 그 어떤 말도 할 수 없었다. 논리를 극단적으 로 몰아가는 그가 야속하게만 느껴졌다.

"더 이상 이야기 안 할래요."

나는 서둘러 대화를 마무리했지만, 마음속에서 무언가가 울컥울컥 올라왔다. 현명한 대답을 못해서도 아니고, 신앙과 관련된 대답을 못 해서도 아니었다. 그가 든 예시상황이 머릿속에 그려졌기 때문이었 다. 더 이상 그 앞에서 울지 않기로 스스로 다짐했기 때문에 눈물을 참으려 노력했지만, 결국 나는 트레일에서 울음을 터트리고 말았다. 그의 사과, 그리고 또 다시 길게 이어진 대화로 이 사건은 마무리되 었지만, 앞으로 이러한 대화들을 또 다시 마주하게 되면 어떠한 방식 으로, 지혜롭게 대처해야 할지에 대한 생각이 깊어졌다.

"두 분은 안 싸우세요?"

함께 세계여행을 하는 우리를 보고 많은 이들이 묻는다. 우리는 결 혼 1주년이 지난 지금까지 싸운 적이 없다. 물론 '싸운다'라는 말을 어 떻게 정의하느냐에 따라 달라질 수 있겠지만, 우리 부부는 서로를 향 해 언성을 높이는 일이 한 번도 없었다. 오늘처럼 '100분 토론'을 하

행복해지는 법을
아무도
가르쳐주지 않아서

듯 긴 시간동안 토론을 하는 때도 있지만, 그 때문에 감정이 상하거
나 다툼으로 이어지는 일은 거의 없다.

  만약 내가 A라 생각하고, 그가 C라고 생각하면 그것으로 서로 '왜
그렇게 생각하냐?' 또는 '나처럼 생각해라'가 아니라, 우선 두 사람이
충분히 이야기를 나눈다. 감정적으로 받아들이기 전에 각자의 이야
기를 나누다보면 어느 누가 A 혹은 C로 의견을 억지로 맞추기보다는
더 합리적인 방향, 혹은 아예 B라는 중간지점으로 의견을 맞추게 된
다. 두 사람의 의견 차이를 못 받아들이고 그로부터 발생되는 감정소

모를 하는 경우가 적은 것이다. 물론 끝까지 결론이 안 나는 경우도 간혹 있다. 하지만 그 역시 시간을 두고 이야기를 나누다보면 그 당장은 아니어도 답을 찾게 된다.

　지금껏 한 번도 싸운 적이 없다고 하자 지인이 말했다. 그것도 신혼일 때의 이야기라고. 그의 말이 맞을 수도 있다. 연애기간도 짧고 결혼한 지 얼마 안 된 우리지만, 7년 여간 의남매처럼 지낸 우리는 참으로 다양한 이야기를 나누며 서로를 알아갔다. 비슷한 성향이라고 생각했던 우리지만, 막상 결혼을 하고 보니 조금씩 다른 모습들이 드러나기도 한다. 우리 두 사람의 성향이나 취향이 스펙트럼처럼 다르긴 하지만, 그 방향성은 같기에 충분히 조율할 수 있는 여지가 있다고 생각한다. 평생을 다른 환경에서, 다른 사고를 하면서 살아온 두 사람이 함께 길을 걸어간다는 것, 그 길을 함께 걷기 위해 보폭을 맞춘다는 것, 그것이 바로 결혼생활일 것이다. 우리는 이 길고 굴곡 많은 트레일을 함께 걸으며 충분히 연습을 하고 있다. 따라서 앞으로도 우리 두 사람이 함께 발맞추어 갈 수 있을 거라고 자신한다.

행복해지는 법을
아무도
가르쳐주지 않아서

See you in PyeongChang 2018

(Day 85 / 24.16km, NJ 94-NY 17A / Total 2,182.72km)

　우리는 AT를 걸으며 한 가지 프로젝트를 진행하기로 했다. 바로 2018년 강원도 평창에서 개최되는 2018 평창 동계올림픽과 패럴림픽을 알리면서 AT를 걷는 것이었다. 흔히 동계올림픽과 패럴림픽은 세계인의 축제라 불리운다. 하지만 외국여행을 하면서 평창동계올림픽과 패럴림픽에 대한 홍보는 애석하게도 거의 찾아보기 어려웠다. 그러다보니 외국친구들을 만나도 2018년이 동계올림픽이 열리는 해라는 것을 알고 있기는 해도 막상 어느 나라, 어느 도시에서 열리는지 모르는 경우도 허다했다. 우리 두 사람이 애국주의에 심취해있는 사람들은 아니지만 '대한민국'에 자부심을 가진 사람으로서, 이를 보다 많은 이들이 알아주었으면, 성공적으로 개최되었으면 하는 마음이 들었다.

　하지만 무엇보다 이 프로젝트는 우리 두 사람을 위해서 기획되었다. 우리는 우리가 좋아하는 일, 행복한 일을 하기 위해 대부분의 사람들과는 조금 다른 결정을 하고 다른 방향의 삶을 살기로 했다. 이것이 그와 나, 두 사람이 여행을 하는 시작점이지만 이것으로 끝나기보다는 발전적인 무엇인가를 더 꾀하고 싶었다. 우리는 함께 CDT를 걸으며 가정을 이루는 것에 대해 이야기하면서 '공동의 가치관'에 대해 많은 이야기를 나누었다. 그리고 우리의 행복이 충족되면서 누군가에게도 도움이 될 수 있는 방향성을 가진 삶을 꿈꾸게 되었다. 이역시 결혼식을 준비하느라 진을 빼기보다는 결혼생활, 둘이 함께 살아가는 생활을 논하기 시작하면서부터 진행된 일이었다. 우리 사이에 많은 이야기들이 오갔고, 무엇이 중요한지, 무엇을 포기하고 무엇을 추구할 것인지 등 서로 의견을 나누었다. 마침내 우리 두 사람이 함께 살아가면서 공동으로 추구할 가치관을 다음과 같이 정립하게 되었다.

첫째, 우리가 행복한 일을 하자.
둘째, 남에게 피해가 되지 않는 일을 하자.
셋째, 다른 사람에게 도움이 되는 일을 하자.

이렇게 가치관을 세우고 나니 AT를 걷는 것은 첫 번째와 두 번째 조건을 충족시켰다. 그러므로 세 번째 조건까지 욕심을 내볼 만했다. 그리하여 우리가 AT를 걸으면서 주변에 도움 될 수 있는 일이 무엇이 있을까에 대해 찾기 시작하였고, 동계올림픽과 패럴림픽을 생각해냈다. 우리 프로젝트의 본연의 취지는 평창 패럴림픽을 사람들에게 알리는 것이었다. 희종의 경우 2010 밴쿠버 동계올림픽 때부터 패럴림픽과 인연이 있었고, 그의 활약은 운동을 좋아하고 사회적 약자들을 돕는 일에 관심 있었던 나로 하여금 관심을 갖게 하기에 충분했다.

우리는 함께 자료들을 찾아보면서 장애라는 어려움을 가지고도 그토록 격하게 움직이고 피땀 흘리는 선수들이 있다는 것을 알게 되었고 감동받았다. 그들이 보여주는 불굴의 의지와 노력은 비장애인인 우리에게도 큰 격려와 힘이 되었다. 우리는 더 많은 사람들에게 이들의 존재를 알리고 싶었다. 따라서 AT를 걸으며 2018 평창 동계올림픽 중에서도 패럴림픽에 대해서 알리는 일을 하자고 기획했다.

이렇게 시작한 프로젝트는 단순히 우리 두 사람이 기획하고 행동으로 옮기는 프로젝트였지만, 대중의 응원을 받으면 더 좋겠다는 주변의 조언을 받아들이기로 했다. 그리고 수소문하여 포털사이트 다음(Daum)에서 운영하는 '스토리펀딩'이라는 시스템과 함께 진행하기로 했다. 우리 부부가 트레일 현장에서 직접 행동하고 경험한 것들을 토대로 주기적으로 글을 연재하고 그것을 통해 크라우드펀딩을 하는 프로젝트, '3,500km 평창 패럴림픽과 함께'를 진행하게 된 것이다. 막상 외국에서는 우리나라가 2018년 동계올림픽과 패럴림픽의 주최국인 것도 잘 몰랐기에 하이킹을 하면서 만나는 친구들에게 평창 동계올림픽, 그리고 한국에 대해서 알리고 이러한 이야기를 소셜미디어, 동영상 등 온라인으로 전파하여 국내에는 평창 동계올림픽과 패럴림픽에 대한 인지도를 높이는 것을 목표로 했다.

평창 동계올림픽과 패럴림픽을 알리자는 계획을 세우고 나니 이제 '어떻게 할 것인가?'라는 방법론적인 문제가 우리 앞에 놓여 있었다.

우선 우리는 AT를 걷는 동안 평창 올림픽의 마스코트인 수호랑과 패럴림픽의 마스코트 반다비 인형을 구매하여 배낭 앞주머니에 꽂고 걸었다. 평창올림픽이 가까워질수록 마스코트 상품이 다양하게 준비되었지만, 우리가 AT를 준비할 때만 해도 지극히 제한적인 종류의 상품만 판매하고 있었다. 그리하여 우리는 20cm가량이나 되는 큰 인형밖에 선택의 여지가 없었다. 자신의 모든 짐을 배낭에 짊어지고 다녀야 하는 장거리하이커의 경우 무게에 민감한 편이고 최소한의 짐만을 꾸리려 한다. 그런 가운데 꽤나 커다란 인형을 가지고 다니는 우리 두 사람을 보고 하이커친구들은 신기해했다.

"이 인형은 뭐야? 엄청 귀엽다!"

이렇게 묻는 친구들에게 자연스레 2018 평창 동계올림픽과 동계패럴림픽에 대해 이야기할 수 있었다.

또 하이커들이 가장 인상 깊게 느낄 것이 무엇일까에 대하여 많은 고민을 했다. 자비로 하는 프로젝트이기 때문에 적은 비용으로 큰 효과를 가져올 수 있는 것을 찾아야 했다. 아무래도 장거리하이커 생활을 하면서 가장 필요로 하는 것이 무엇일까를 생각해보았다. 그 중 한 방법으로 매번 마을에서 트레일로 복귀할 때 시원한 탄산음료를 10개가량 여유 있게 챙겼다. 그리고 탄산음료에 'See you on the trail. See you in PyeongChang 2018'이라는 문구를 적은 스티커를 붙여 트레일헤드나 오르막, 또는 내리막이 끝나는 지점 등에 놓았다. 이 길을 걷고 있는 하이커인 우리 스스로가 다른 하이커들에게 '트레일매직'을 하기로 한 것이다. 아무래도 탄산음료가 간절할 때 만난 트레일 매직은 더욱 인상적일 수밖에 없기 때문에 단돈 1달러의 탄산음료 한 개로 최대의 효과를 노린 것이다.

또한 짐을 최소한으로 가지고 다니는 하이커들을 공략하여 올림픽과 패럴림픽 마스코트인 '수호랑'과 '반다비'로 만들어진 스티커, 배지 등을 나눠주기도 했다. 그리고 하이커들이 모이는 호스텔에서 대표적인 한국음식인 불고기와 제육볶음 등을 만들어 파티를 열면서 대한민국 평창에서 개최되는 동계올림픽과 동계패럴림픽에 대한 소개는 물론, 한국문화에 대해 소개하는 자리도 마련했다.

우리 두 사람의 노력이 얼마나 영향력을 가지느냐에 대해 많은 의문이 들기도 했다. 우리의 움직임이 큰 규모도 아니었고 또 당장에 그 효과가 확연하게 드러나는 것도 아니기에 영향력을 확인하는 것은 어려워서 '우리가 제대로 하고 있는 걸까?'라는 의문이 들기도 했다. 물론 큰 효과가 있으면 좋겠지만, 그 누가 시켜서 한 것도 아니고 우리가 재밌기 위해, 우리가 하고 싶어서 시작한 것이기에 엄청난 목표를 가지기보다는 소소한 목표를 가지기로 했다. 우리가 걷고 있는 이 길의 하이커 몇 명이라도, 우리 주위의 몇 명이라도 평창 동계올림픽, 무엇보다 패럴림픽에 대해서 알 수 있으면 좋겠다는 생각으로, 우리가 할 수 있을 만큼의 최선을 다하기로 했다. 우리 두 사람이 지금껏 그래왔듯.

(Day 88 / 28km, Bushcamp-Shenandoah Tenting Area / Total 2,253.92km)

드디어 포트 몽고메리(Fort Montgomery, New York)에 도착했다. 이 마을 부근에 드라마와 영화에서 종종 등장했던 허드슨 강을 건너는 베어 마운틴 브릿지(Bear Mountain Bridge)가 있어서이기도 했지만, 우리가 이곳에 그토록 오고 싶었던 이유는 한국에서 온 짐을 받을 수 있는 곳이었기 때문이다. 방송사에서 PD로 일하고 있는 우철이가 방송촬영 차 미국에 오게 되었고, 겸사겸사 필요한 물품들을 전해주기로 했다. 우철이는 미국 서부에 일정이 있는 관계로 서부에서 우리가 있는 동부까지는 우편으로 짐을 배송 받아야 했는데, 짐을 받기로 한 마을과 번번이 타이밍이 맞지 않아 계속 앞마을로, 앞마을로 보내다보니 뉴욕에 있는 포트 몽고메리에 와서야 가까스로 짐을 찾을 수 있게 되었다.

우체국에서 박스를 찾아 두근거리는 마음으로 박스를 개봉했다. 그 안에는 우리에게 필요한 여러 물품들이 들어있었다. 다른 물품도 모두 반가웠지만, 제일 반가운 것은 우리 부부가 AT를 걸으면서 진행하고 있는 평창 동계올림픽과 패럴림픽을 알릴 수 있는 홍보물품이었다.

평창 동계올림픽과 패럴림픽을 알리는 프로젝트를 준비하면서 이곳저곳 도움의 요청을 해보았지만, 실제적인 도움을 얻기는 어려웠다. 그나마 2010 밴쿠버 동계 패럴림픽 때부터 희종과 인연이 있었던 대한민국 파라 아이스하키(Para Ice Hockey) 팀과 그 팀의 주장인 한민수 선수의 도움이 컸다. (파라 아이스하키는 장애인선수들이 펼치는 아이스하키 경기로 다리에 장애가 있는 선수들이 썰매를 타고 하키경기를 진행하게 된다.) 우리 부부가 이러한 프로젝트를 진행한다는 이야기를 들은 한민수 선수가 파라 아이스하키 선수 팀이 응원메시지를 손수 촬영해서 보내주기도 했고, 대한장애인체육회는 물론 강원도장애인체육회와 연결시켜주기도 했다.

이러한 연유로 우리는 강원도장애인체육회 측으로부터 하이커들에게 동계올림픽과 패럴림픽을 홍보할 수 있는 물품들을 적게나마 받을 수 있게 되었다. 기존에 가지고 다녔던 수호랑과 반다비 인형, 배지와 스티커 말고도 부채, 배지 등 몇몇 홍보물품이 더해졌다. 이것만으로도 우리의 홍보활동에 큰 무게가 실리는 것 같았다.

포트 몽고메리를 향해 열심히 걸어온 소기의 목적도 달성했겠다, 우리는 신나는 마음으로 맛있는 음식을 실컷 먹을 수 있었다. 조그만 마을이라 숙박시설도 마땅한 곳이 없고 가격도 비싸서 우리는 음식을 먹고 식량을 챙겨 이 마을을 바로 떠나기로 했다. 먹어도 먹어도 허기진 하이커의 신분으로 피자 한 판을 게 눈 감추듯 먹고 장을 보기 위해 마을 어귀에 있는 슈퍼로 향했다. 그리고는 슈퍼 앞 벤치에서 짐을 챙기다가 한 동양계 중년 남자와 눈이 마주쳤다. 그가 먼저 말을 걸어왔다.

"한국 분이신가 봐요?"

그것도 한국말로 묻는 것이다. 아무리 미국 동부에서도 아시아인이 많이 살고 있는 뉴욕 주라지만, 어떻게 한번에 알아보셨을까 궁금했다. 이야기를 나누다보니 우리 배낭에 붙어있는 태극기를 보고 한국인인 줄 알아보았다고 하셨다.

"이 부근에 사시나요?"

"아, 저희는 애팔래치아 트레일을 걸으려고 한국에서 왔어요."

"이야! 대단한 젊은이들이네!"

그는 우리에게 잠시 기다려보라고 하더니 주머니에서 지갑을 꺼내서 맛있는 거 사먹고 힘내라며 손에 지폐를 쥐어주셨다. 너무 꼭 쥐어주셔서 어쩔 수 없이 받기는 하였지만, 보아하니 너무나 큰돈인 것 같아서 처음엔 사양했다. 그러자 아저씨는 냉큼 차에 올라타면서 맛있는 것을 사먹고 꼭 완주를 하라고 말씀해주셨다. 뉴욕에 사는 아저씨는 친구들끼리 베어 마운틴에 놀러왔다고 하는데, 한국 청년들이 도전적인 일을 한다며 보기 좋다는 말을 하고는 훌쩍 떠나버리셨다. 눈시울이 뜨거워졌다. 생전 처음 보는 사람에게, 단지 같은 한국인이라는 이유로 100달러짜리 지폐를 용돈으로 받은 이 상황이 꿈같이 느껴졌다. 머나먼 이국땅에서 느끼는 '한국인의 정'은 이렇게도 울컥한 것이었다.

AT를 시작하기 위해 애틀랜타에 도착해서도 우리는 엄청난 환대

행복해지는 법을
아무도
가르쳐주지 않아서

를 받았다. 레지나와 김혜승 님 두 분은 우리가 며칠간 지낼 수 있는 숙소를 예약해주기도 하고, 중미를 오랫동안 여행을 하면서 그리워했던 한국음식을 제공해주기도 했다. 미국으로 이민 오신 지 제법 오래 되셨다는 두 분은 우리 두 사람의 이야기를 소셜미디어를 통해 접하고 오래 전부터 팬이 되었다고 하셨다. 이미 충분히 많은 것들을 제공해주시면서도 많이 못 챙겨줘서 미안하다고 하는 두 분은 우리의 여행 이야기를 무척이나 재밌게 들어주셨다. 또한 우리의 이야기가 미국 땅에서 아이 키우는 본인들의 여행 욕구를 대신 해소해주는 것 같다며 소녀처럼 좋아하셨다. 스스로를 팬이라고 이야기하셨지만, 우리가 대단한 사람도 아닌데 이렇게까지 베풀어주시는 마음에 어리둥절하기도 했다. 그분들의 넉넉한 마음씀씀이도 감동이었지만, 이게 다 하나라도 더 챙겨주고 싶어 하는 '한국인의 정'이 아닐까 싶었다. 이분들의 도움은 우리 부부가 AT를 걷는 내내 응원으로 이어졌고, 우리가 더욱 힘을 내서 AT를 걸을 수 있는 자양분이 되었다.

우리 부부가 '미국에 계신 한국아버지'라고 생각하는 이주영 선배님 역시 우리에게 무한한 정을 베풀어주시는 분이다. 서부에 거주하시는 이 선배님의 경우, 우리 부부뿐만 아니라 PCT를 걷는 한국인 하이커들에게 많은 것들을 챙겨주시는데, 그 모습을 보면 저절로 감탄이 나올 정도이다.

물질적인 도움뿐만이 아니라, 머나먼 타국에서 누군가에게 이런 응원을 받는다는 것이 얼마나 큰 힘이 되고 위안이 되는지 모른다.

그들의 도움과 응원 덕분에 걷다가 지치는 순간, 그들을 생각하며 다시 한 번 마음을 다잡기도 한다. 여러 분들로부터 받은 도움의 손길을 잊지 않고 언젠가는 우리도 우리가 가진 것들을 누군가에게 나눌 수 있는 사람이 되어야겠다고 다짐한다.

나는 틱이 제일 무서워

"나는 틱이 제일 무서워."

하이커친구 쉐퍼드가 AT를 준비하면서 내내 했던 말 중의 하나이다. PCT, CDT를 모두 걷고 이번 AT를 마지막으로 트리플크라운의 명예를 얻게 되고, 아메리카 대륙을 자전거여행 하면서 위험한 순간을 여러 번 경험했을 그가 AT에서 제일 겁나는 대상이 바로 '틱(tick)'이라니. 쉐퍼드뿐만 아니라 외국 하이커친구들도 '틱'에 대해 주의할 것을 계속 당부했다. 펜실베이니아 주 구간에 다다르자, 트레일 곳곳에 '틱을 주의하시오'라는 안내문이 붙어있었다. 대체 틱이 무엇이기에 그럴까.

'틱'은 우리말로 진드기 류로 해석되는데, 보다 정확히 말하면 숲속에 사는 야생진드기를 지칭한다. 쉐퍼드를 비롯한 하이커들이 경계하는 대상은 틱이라기보다는 틱이 유발하는 라임병(Lyme disease)이라고 할 수 있다. 라임병은 사슴이나 설치류 등을 물었던 틱이 사람을 무는 과정에서 보렐리아(Borrelia)라는 균을 옮겨 여러 기관에 감염되는 병이다. 증상이 드러나서 적절한 시기에 치료를 하면 다행이다. 하지만 잠복기가 있고 다른 질환과 함께 발병하게 되면 치명적이

고 심지어 사망까지 이를 수 있어 하이커들이 그토록 겁을 내는 것이었다. 장거리하이킹을 하면서 사고를 당할 위험이 항상 있다지만, 벌레에 물리는 것에 이토록 겁을 내야 한다니 조금 당황스러웠다. 하지만 인터넷에서 실제 사례들을 검색해보니 틱과 라임병을 예방해야겠다는 생각이 들 정도로 무서운 병이었다. 미국 동부에서 7–8년간 살아온 언니도 라임병의 존재에 대해 알고 있었다. 그만큼 동부에서는 틱과 라임병에 대해 일상적으로 경계하는 느낌이었다.

우리는 AT를 걸으면서 라임병을 예방하기 위해 해충방지용 스프레이를 수시로 뿌려 해충이 무는 것을 방지하였다. 휴식을 취할 때도 틱이 주로 서식한다는 습하고 어두운 환경이 조성되는 나무 그루터기 같은 곳에는 앉지 않았다. 우리의 이런 노력에도 불구하고 모기와 틱은 수시로 우리를 물어댔다. 미국 동부는 습한 기후라 모기와 틱, 날

벌레가 많은 편이었다. 그나마 다행인 것은 틱 중에 1/4가량만이 라임병을 유발하는 균을 가지고 있다고 했다. 틱에 물리지 않기 위해 노력을 했는데도 우리를 물어대는 틱을 어찌할 수 없으니 그렇다면 균을 가지고 있는 틱에 물리지 않기만을, 라임병에 걸리지 않기를 바라야 했다.

우리는 하루 일과가 끝날 때마다 라임병에 걸리면 드러나는 증상인 '이동홍반'이 있는지 수시로 확인을 했다. 이동홍반이란 가장자리는 붉고 가운데는 연한 모양을 나타내는 피부증상으로 황소 눈의 모양과 같다고 해서 'Bull's eye'라고도 한다. 하이커친구들과 이야기하면서 수차례 Bull's eye에 대한 이야기를 들어왔고 인터넷을 통해 자료도 찾아봤기에, 우리는 수시로 몸에 드러나는 증상이 없는지 확인하곤 했다. 수많은 틱에 물렸지만, 다행히도 우리 몸에 Bull's eye는 보이지 않았다.

그러던 어느 날, 그의 오른쪽 허벅지에 벌레가 문 흔적이 생겼다. 일반적인 모기, 틱의 흔적이라고 보기엔 조금 더 새빨갛고 선명한 자국이었다. 처음에는 대수롭지 않게 생각했는데, 점차 커지기 시작하더니 손바닥만 한 크기가 되었다. 일반적인 모기나 틱이라면 그렇게 되지 않을 텐데 이상하다 싶었다. 하지만 라임병 증상인 이동홍반이 나타나지는 않았으니 그나마 다행이라고 생각했다. 라임병 증상이 나타나면 바로 병원에 가서 의사에게 항생제를 처방받아야 한다고 했지만, 하필 우리가 걷고 있는 구간은 조그만 마을밖에 없어서 병원은

커녕 약국도 없는 마을들이 며칠간 이어졌다. 그러다보니 평소 가지고 다니던 벌레 물렸을 때 바르는 연고크림을 임시방편으로 바르면서 하이킹을 계속할 수밖에 없었다.

시간이 지날수록 자국은 줄어들 생각을 하지 않고 오히려 더 커지고 검붉은 색으로 변해갔다. 도저히 안 되겠서어 애틀랜타에서 우리를 도와주셨던 레지나에게 연락을 드렸다. 라임병을 진단할 수 있는 의사는 아니었지만 미국에서 치과의사로 근무하고 계신지라, 관련 사항을 여쭤봐 주실 수 있는 지인이 있을 거라 생각했기 때문이다. 사진을 보내드리고 연유를 설명 드리자, 재빠르게 동료 의사에게 문의를 해주셨다.

"동료 말로는 라임병이라고 하는 거 같아요. 가장 가까운 마을이 어디세요?"

맙소사. 그토록 조심했는데 라임병이라니. 물린 자국이 검붉어지기만 했지, 이동홍반이 나타나지 않았으니 라임병이 아니라는 말을 듣기 위해, 며칠간 찍어왔던 수십 장의 사진을 보냈는데 라임병이라는 진단은 달라지지 않았다. 아직 이동홍반이 나타나진 않았지만, 이동홍반이 나타나는 과정 중 하나라고 했다. 아니나 다를까, 약국이 있는 가까운 마을인 그레이트 베링턴(Great Barrington, Massachusetts)에 도착하니 검붉기만 하던 자국의 가운데 부분이 옅어지면서 이동홍반, Bull's eye 모양으로 바뀌기 시작했다. 그는 라임병을 유발하는 틱에 물렸던 것이다.

　레지나의 동료분께서 마을의 약국에 처방전을 보내주셔서 항생제와 안티바이러스 크림을 처방받았다. 혹시나 하는 마음에 약국에서 또 물어보았다.

　"우리는 AT 하이커인데, 며칠 전에 물린 게 이렇게 됐어요. 왜 그럴까요?"

　"흠. 아무래도 라임병 틱에 물린 거 같은데요?"

　별반 다르지 않은 답이 돌아왔고 군소리 없이 항생제를 처방 받아야만 했다. 다행히 항생제는 별다른 부작용이 없지만, 혹시 몰라 마을에서 좀 더 쉬고 가기로 했다. 항생제는 처방받은 만큼을 모두 먹어야 한다기에, 10일치를 처방받았던 항생제를 빠짐없이 모두 먹었지만, 그 이후에도 약간의 자국이 남았기에 다시 레지나에게 문의하여 항생제를 추가로 처방받아 복용했다.

잠복기가 있는 라임병이라 이렇게 증상이 드러나 적절하게 치료를 할 수 있게 되니 천만다행이었다. 나에게 직접적으로 이야기하진 않았지만, 당시 그는 몹시 두려웠다고 한다. 라임병이라는 진단을 받기 전에는 '그냥 벌레 물린 걸 거야!'라고 이야기하긴 했지만, '내가 정말 라임병에 걸린 거면 어떡하지?'라는 생각도 했단다. 막상 라임병이라는 진단을 받고 난 뒤에도 '항생제 처방이 잘 안 들면 어떡하지?' '혹시 다 낫지 않고 합병증처럼 발병하면 어떡하지?' 등의 걱정이 들었다고 한다. 그럼에도 불구하고 나에겐 아무렇지 않은 척 씩씩한 척 행동한 것이다. 적절한 시기에 항생제 처방을 받아 치료를 잘 했으니 참으로 다행한 일이고 감사한 일이다. 그의 하이킹 이력에 라임병에 걸렸다는 에피소드가 추가되긴 했지만 말이다.

(Day 97 / 18.7km, Shaker Campsite-October Mountain Shelter / Total 2,432.96km)

우리의 여행스타일은 구체적인 계획보다는 먼저 시작하고 보는 스타일이다. 그러다보니 2016년 CDT 일정이 거의 끝날 무렵 다음 행선지를 어디로 정할지 생각했고, 희종이 그 전부터 해오고 있던 남미 파타고니아를 향한 자전거여행을 하기 위해 멕시코로 가게 되었다. 멕시코와 과테말라, 벨리즈 등의 중미 자전거여행을 하면서 AT로 최종 목적지를 결정한 것도 AT 출발이 임박했을 때였다. 목적지를 명확하게 하고 가기보다는 좋은 곳이 있으면 그곳으로 빠지고 순간순간 새로운 방향으로 시작하는 경우가 많다. 따라서 우리의 호기심이 우리를 어디로 이끌지는 우리 자신도 알 수 없다.

8월이 시작되던 날, 지인으로부터 연락이 왔다. 2018년 2월, 한국에서 열리는 평창 동계올림픽의 성화 봉송을 해보지 않겠느냐는 제의였다. 나의 페이스북을 통해 우리의 소식을 계속 접했던 지인은 코카콜라와 관련된 일을 하고 있었다. 그는 우리가 결혼식 대신 세계여행을 떠났고, 그것도 자전거와 하이킹으로 세계여행을 하고 있다는 것에 대해 무척 흥미로워했다. 게다가 AT 하이킹에서 '3,500km 평창 패럴림픽과 함께'라는 자발적인 프로젝트를 하면서 2018 평창 동계올림픽

과 패럴림픽, 그리고 대한민국을 알리며 걷고 있는 우리 부부를 성화 봉송 주자로 하면 좋겠다고 생각했다고 한다. 그와 대략적인 내용을 주고받은 뒤, 두근거리는 마음으로 우리는 고민에 빠졌다.

구체적인 계획보다는 발걸음이 닿는 대로, 호기심이 생기는 대로 여행의 방향을 정하는 우리지만, 미국에서 한국으로의 방향 전환은 전혀 생각지 못했던 일이었다. 전체적인 여행 계획은 AT를 걸은 뒤 다시 자전거를 타고 남미로 내려갈 생각이었는데, 갑자기 한국에 가야 한다면 그에 소요되는 시간과 비용도 만만치 않을 것이었다. 하지만 이런 걱정거리들은 '성화 봉송 주자'라는 영광을 생각하면 대수롭지 않게 느껴졌다. 우리가 살아있는 동안, 한국에서 또 이런 세계적인 대회가 열린다는 보장도 없고, 있다 해도 우리에게 이러한 제의가 들어올 것이라는 것도 보장할 수 없기 때문이다.

고민 끝에 우리 부부가 공동으로 세웠던 가치관에 입각하여 이 일을 따져보기로 했다.

첫째, 우리가 행복한 일을 하자.
둘째, 남에게 피해가 되지 않는 일을 하자.
셋째, 다른 사람에게 도움이 되는 일을 하자.

모두 합격이었다. 그러자 성화 봉송을 하면 좋겠다는 생각이 더욱 강해졌다. 이 여정을 택할 때 소모되는 시간과 비용은 생각하지 않고 우리에게 행복한 일을 하기로 했다. 물론 우리가 한다고 해서 무조건 하게 되는 것도 아니었다. 성화 봉송은 세계적인 행사이다 보니 신청 및 최종 확정에는 일련의 절차가 필요했다. 하지만 내가 성화 봉송을 하게 될지도 모른다는 생각에 벌써부터 가슴이 두근거리고, 당분간은 예정에 없던 한국에 간다고 하니, 무엇보다 그토록 그리워하던 가족들을 볼 수 있다니 마음은 벌써 그곳에 가 있는 것 같았다.

"인생은 B(Birth)와 D(Death) 사이의 C(Choice)이다."

장 폴 사르트르가 한 말이다. 아직 30년밖에 살지 않은 내가 이러한 말을 하면 웃길 수도 있겠지만 이는 내가 공감하고 좋아하는 문구 중 하나다. 삶이라고 하는 것은 태어나서 죽을 때까지 수없이 많은 선택들이 모여 이루어진다. 심사숙고의 결과로 하게 되는 선택도 있지만 순식간에 결정해야 하는 선택도 있을 수 있다. 또한 각각의 선택들이 개별성을 가지는 경우도 있지만, 이전 선택의 결과로 인해 그 다음 선택지가 아예 제한되어버리는 경우도 많다.

우리 부부가 2018 동계올림픽 성화 봉송을 하게 된 것도 우리의 선택에 의해 기회가 주어진 것이라 생각하니 더 신기했다. 단지 우리가 좋아서 했던 일의 결과물로 우리에게 새로운 선택지가 주어진 것이었다. 이번 선택지의 경우는 긍정적인 것이지만, 모든 것이 그렇지는 않다. 과거 선택의 결과가 싫더라도 받아들이고 또 다른 선택의 순간에 직면해야 하는 경우도 있다.

삶은 찰나의 순간이고 그 시간은 삶에서 한 번 지나가면 돌이킬 수

행복해지는 법을
아무도
가르쳐주지 않아서

없는 것이기에 지금 임박해있는 선택지들이 과거 선택의 결과에 국한된 것이라 해도 아쉬워하기보다는 담담히 받아들여야 한다. 그러다 보니 그냥 단순해 보이는 선택에도 신중에 신중을 다해 고민하고 선택해야 하는 경우가 있다.

장거리트레일에는 우리가 길을 잃지 않고 갈 수 있도록 안내해주는 표지판들이 있다. AT를 걸으면서 한 가지 재미난 것은 길의 표식과 관련된 것이다. PCT나 CDT는 고유의 트레일 마크를 이용해서 해왔던 반면, 이곳은 나무에 별도의 표시를 해두었다. '화이트 블레이즈(White Blaze)'라고 불리는 흰색 표시는 공식적인 AT루트, 하늘색은 우회로, 식수, 쉘터 등으로 가는 공식 트레일 외의 사이드트레일을 표현한다. 손바닥만한 크기의 페인트칠은 무심한 듯 시크하게 페인트 붓 터치 한번으로 되어있지만, 길을 걷는 하이커들에게는 아주 소중한 존재이다. 행여나 길을 잃을까 살짝 애매한 곳이면 어디든 나타나는 흰색 표시.

우리의 인생에서도 현명한 선택을 할 수 있는 지표나 안내표시가 있으면 어떨까 생각해본다. 이러한 표식이 있다면 조금은 덜 방황하고, 시행착오를 덜 거치면서 살아갈 수 있지 않을까? 하지만 정해진 대로 사는 것에 쉽게 싫증을 느낄 수도 있겠다. 또 대부분의 인생살이가 지나치게 안정적이고 새로운 모험이 없을 수도 있겠다. 모두가 같은 길로 가고, 조금 남다른 길로 가서 특별한 경험을 하게 되는 일도 없겠다 싶어 아쉬울 것 같다.

인생에서 가장 필요한 것은 공식트레일을 나타내는 흰색과 사이드 트레일인 하늘색 모두를 인정하는 것이 아닐까. 사실 흰색이나 하늘색이나 어느 하나 틀린 것은 없다. 대신 여기로 가면 빨리 가는 곳, 이곳은 잠시 딴눈 파는 곳으로 모두 옳은 길일 테다. 잠시 돌아가느냐 마느냐의 차이이고, 속도나 거리의 차이일 뿐. 우리 삶에는 이런 색 구분보다는 그 어떤 것도, 즉 방황이든 직진이든 간에 모두를 옳다고 하는 문화가 필요하다는 것을 절실하게 느꼈다.

(Day 100 / 48.48km, Little Rock Pond Shelter-US 4+Rutland / Total 2,721.28km)

AT에서의 시간도 어느덧 100일이 지났다. 100일이란 기간은 결코 짧지 않은 시간이다. 곰도 100일 동안 마늘과 쑥을 먹고 사람이 되었다 하지 않은가. 100일 동안 이 길을 걸은 나는 어떤 경험을 했고, 무엇을 느끼고, 얼마만큼 성장했는가, 스스로에게 묻는다. 누군가는 '100일이 뭐 대수라고?' 생각할 수도 있겠지만, 100은 하나의 단위로 측정되는 경우가 많아서인지 마음에 잔잔한 파문이 일었다. 때마침 직장생활로 힘들어하는 친구의 이야기를 듣고 난 터라 보통의 또래들과 다른 행보를 하고 있는 나의 모습을 되돌아보게 되었다.

하이커들의 삶은 단순하다. 아침에 일어나 떠날 채비를 하고 간단히 아침을 먹은 뒤 걷기 시작한다. 걷고 간식 먹고, 걷고 점심 먹고, 또 걷다보면 하루를 마무리할 장소에 다다르게 된다. 깨어있는 대부분 시간 일을 하는 것과 비슷하게 우리는 하루의 대부분 시간을 걷는다고 할 수 있다. 하루의 대부분을 걷다보니 걷는 것이 나에게는 마치 노동과 같다는 생각이 든다. 이 정도면 직업란에 walker 또는 hiker라고 써도 무방할 정도이다.

청혼을 받고 고민의 시간 끝에 결단을 내려 4년 동안 잘 다니고 있던 회사를 그만두고 세계여행을 떠났다. 여행을 워낙 좋아해서 직장인일 때도 틈틈이 떠나곤 했는데, 이제는 '일상이 여행'인 사람이 되어 버렸다. 이러한 이야기를 하면 대부분의 사람들은 '회사를 그만두었다'는 것을 '회사를 때려 쳤다'는 것으로 이해하는 경향이 있다. 틀린 말은 아니지만 '아' 다르고 '어' 다른 것이기 때문에 보다 정확한 이해를 돕기 위해 부연설명을 하자면 나는 회사를 때려친 게 아니라 그만두기로 선택했다.

여행을 떠나기 직전의 퇴사는 두 번째 퇴사였다. 나는 삶에서 두 번의 퇴사를 경험했지만, 두 번의 퇴사는 질적으로 달랐다. 첫 번째 회사의 경우, 회사 일에 치여 살 정도였다. 스스로의 자괴감도 바닥을 쳤고, 나의 삶이 피폐하다고 여겨질 정도로 모든 것이 망가진 상태였다. 비단 한 가지 이유 때문은 아니겠지만 '회사 일'이 가장 큰 부분을 차지했다.

신규프로젝트를 담당하였던 터라 '이렇게 하면 된다'라는 지침도 딱히 없었고 일의 끝이 보이지 않았다. 과중한 업무 목표를 위해 야근이며 주말특근이며 닥치는 대로 모두 했지만 생각만큼 결과는 나오지 않았다. 끝없는 업무의 연속으로 개인 시간은 결코 가질 수가 없었고, 나의 존재 이유에 대해서까지 자문해야 할 정도였다. 망가진 삶을 일으킬 수 있는 유일한 방법은 퇴사라고 생각하였고 그를 행동으로 옮긴 이후, 나의 삶은 바닥에서부터 하나하나 다시 세워가야 했다.

두 번째 회사의 경우는 조금 달랐다. 물론 다른 사람과 조직으로부터 돈을 번다는 것은 어느 곳이나 쉽지 않은 것이라 이 역시 힘들었다. 특히 두 번째 직장은 감정노동의 성격이 다분하여 스트레스가 많았다. 그럼에도 불구하고 한 번의 경험을 해서였을까. 두 번째 직장에서는 무너지지 않기 위해 부단히 노력했다. 가급적이면 일과 삶을 분리시켜 나만의 시간을 충분히 확보하려 노력했다. 그리하여 하루 5분 영어공부, 하루 30분 독서 등의 계획을 세우고 1주, 1달, 분기별로 크고 작은 목표를 세워 삶에서의 성취를 위해 부단히 노력했다. 직장생활에서의 동력을 찾으면서 인간 이하늘로서의 삶을 놓지 않으려 노력했다.

그러다보니 직장에서의 성취는 물론 내 삶에서의 만족감, 자존감 등을 유지하며 살아갈 수 있었고, '어느 회사의 직장인'이라는 이름표보다 더 중요한 '인간 이하늘'로서의 모습을 잃지 않게 되었다. 이러한 것들이 있었기에 퇴사를 고민하면서 회사를 때려 치거나 자유를 찾기 위한 퇴사가 아니라, 현재의 삶과 일에 대한 성취감과 만족감을 기반으로 하여 내가 더 해보고 싶은 것을 위해 '다른 선택'을 한다는 생각이 컸다.

회사일 때문에 삶이 바닥을 치고 있을 때 재빠르게 그 고통의 끈을 끊어내는 것, 즉 회사를 그만두는 것이 옳은 결정일 수도 있다. 하지만 그 뒤에 오는 원인 모를 패배감과 실패감 등을 감당해내야 하고, 한동안은 힘듦을 경험할 수도 있다. 나의 첫 번째 퇴사가 그러했다. 그 이후 감정의 소모가 적지 않았던 것도 이와 같은 이유였을 것

행복해지는 법을
아무도
가르쳐주지 않아서

이다. 그렇기에 업무적으로 만족감도 있고 일과 삶에서 만족감이 있을 때, 그리고 직장인이기 이전에 한 사람으로서 '삶의 만족감'이 있을 때 퇴사하는 것, 그것이 잘 떠나는 것이 아닐까를 작은 경험에서 터득하게 되었다.

예전에 한 선배가 직장생활에 대해 고민하는 친구에게 말했다.

"지금의 직장이 너의 세 가지 중 하나라도 채워준다면, 그걸로 직장생활을 유지할 수 있는 충분한 동력이 생길 거야."

그는 그 세 가지로 손(금전), 머리(지적인 성장), 가슴(열정)을 손꼽았다. 요즈음의 나의 직업이 하이커라면 AT는 나의 직장이라 할 수 있다. 내가 지금 이 직장을 지속할 수 있는 동력은 무엇일까? 나는 이 길을 왜 계속 걷고 있는가?

파울로 코엘료의 『순례자』의 주인공은 구도의 한 방법으로 산티아고 순례길을 걷기 시작했다. 하지만 나의 경우엔 그저 산과 하이킹이 좋아서 이 길을 걷게 되었다. 이전에 CDT를 걸었던 그 경험 자체가 좋아서 이번에는 트레일의 처음부터 끝까지 한 번에 걸어보고 싶어서 시작한 일이었다. 물론 그가 트리플크라운을 달성하는 데 도움이 되고 싶은 마음도 있었다. 더불어 많은 외국인 친구들을 사귀고 외국 문화, 그 중에서도 하이커 문화를 경험하고 싶었다. 이런 일반적인 이유 외에 또 무엇이 나를 트레일로 이끌었고, 이 길을 지속하게 만들고 있나에 대해 생각해보았다.

나는 이 길의 끝에 서게 됨으로써 내 스스로의 끈기와 인내를 시험해보고 싶었던 것인지도 모른다. 내가 새롭고 낯선 환경도 좋아하지만, 그에 못지않게 규칙적인 생활도 좋아한다는 것을 이 길을 통해 다시금 깨닫고 있다. 매일의 목표를 세우고 그것을 달성해가는 재미가 쏠쏠했던 중고등학교와 대학교 때의 다이어리처럼 하루의 목표, 한 주의 목표 등을 세우고 그것을 달성해가는 것에서 나름의 재미를 찾기 위함인지도 모른다. 매일 매일이 방랑자의 삶이고 여행이긴 해도 하루하루를 꾸려가는, 일상인으로서의 재미를 느끼고 싶어서인지도.

또한 『순례자』의 주인공처럼은 아니어도 이 길을 통해 무언가를 찾길 바라고 있음을 알게 되었다. 그것이 이렇게 멋진 자연을 만든 하나님(누군가에게는 신)에 대한 인지일 수도 있다. 이 세상을 구성하는 것들을 낯설게 바라보고 새롭게 인식하는 과정을 통해 많은 사유를 해나가고 있다. 무엇보다 나 자신을 오롯이 바라보고 그간 내가 몰랐던 나를 알아가는 재미가 있다.

AT의 절반을 넘게 걸었음에도 여전히 이 트레일에서의 여정을 통해 얻고자 하는 바를 새롭게 배우고 있다. AT를 비롯한 장거리트레일은 껍질을 까도 계속 껍질이 나오는 양파 같은 매력을 가지고 있는게 분명하다. 이 길에서 내가 알지 못했던 새로운 나를 더 찾게 되길 바란다.

장거리하이커를 괴롭히는 것들

(Day 101 / 0km, Zeroday / Total 2,721.28km)

모든 직장이 그러하겠지만 요즈음의 나의 직장도 마찬가지로 다사다난하고 스트레스가 많다. 여기서 최근의 나의 직장이란 바로 AT, 좀 더 넓게 말해서는 여행을 지칭한다. 세계여행을 떠나기 전에는

'내가 세계여행을 떠나기만 해봐라'

하며 매일이 즐거운 삶을 꿈꿨다. 물론 장거리트레일을 하는 하이커의 삶이, 매일이 여행인 삶은 행복하다. 하지만 엄격히 말하면 그 매일이 '핑크빛'은 아니다. (장기간 여행을 꿈꾸는 이들에게는 청천벽력 같은 소리일 수도 있겠다.) 이곳에도 여전히 스트레스를 주는 요소들은 있기 때문이다.

우선 우리가 지금 걷고 있는 트레일은 자연과 맞닿아있다. 정확히 말하면 '야생생활'이다. 일상적인 생활은 물론 잠자는 시간까지 야생생활이다. 물론 트레일에서 벗어나 마을에 가면 편안한 숙소에서 잘 수 있지만 대부분의 시간을 야생의 한가운데에서 자야 한다. 산속 한가운데는 밤이 깊어지면 헤드랜턴을 끌 경우, 앞이 하나도 보이지 않을 만큼 깜깜한 경우가 허다하다. 때로는 엄청난 속도로 불어오는 바람이 밤새 텐트를 거세게 두드리기도 한다. 텐트에 누워있으면 적막

이 흐르는 고요한 공기 속에서 동물의 울음소리가 들려오기도 한다. 바로 텐트 옆으로 동물이 지나가기도 한다. 이러다보니 걸을 때는 물론 편하게 휴식을 취해야 하는 밤중에도 야생환경에 눈과 귀를 곤두세우고 민감하게 반응하게 된다.

"잘 잤어?"

아침에 일어나면 그와 내가 나누는 말이다. 물론 주위에 텐트를 쳤던 하이커친구들과도 같은 인사를 나눈다. 이 짧은 안부인사 뒤로 어느 때는 밤새 각자 텐트에서 벌어진 무용담이 펼쳐지기도 한다. AT 초반의 어느 날, 밤새 텐트 주변을 돌아다니는 쥐 때문에 한숨도 자지 못했다. 그날 우리가 선택한 야영지의 이름은 '치즈 팩토리 사이트(Cheese Factory Site)'였다. 텐트를 칠 무렵에는 '야영지 이름이 재밌다'라고만 여겼는데 밤새 쥐에 시달리고 나서는 "(쥐는 치즈를 좋아한다 하니) 쥐가 많아서 이름을 그렇게 지었나보다"라고 서로 농담을 건넸다. AT의 이야기를 담은 빌 브라이슨의 책 「워크 인 더 우즈(Walk in the Woods)」에서는 텐트 옆에 등장한 곰 때문에 밤새 시달리는 에피소드가 등장한다. 또한 CDT를 걸을 때에는 우리 옆에 텐트 쳤던 친구가 흥분하여 이야기하였다.

"새벽에 화장실을 가려고 텐트 문을 열었는데, 글쎄 1미터도 안 되는 거리에 무스가 있었어! 화장실을 가지도 못했고, 그 이후 잠을 하나도 못 잤다니까!"

무스는 현존하는 최대의 사슴으로 그 몸집이 말보다 크다. 심지어 수컷은 엄청난 크기의 뿔을 가지고 있어 겉모습만으로도 엄청난 위압감을 준다. 그렇다. 해가 떠있는 동안 트레일을 걸으면서도 야생동물에 촉각을 곤두세워야 하는데 밤이 되어도 멈출 수 없다. 이런 야생생활과 맞닿은 삶은 하이커들에게 스트레스로 다가오게 된다.

하이커들에게는 날씨와 기상변화 또한 스트레스다. AT를 걷는 하이커들에게 제일 스트레스를 주는 날씨는 아무래도 '비'일 것이다. 다행히도 매년 이렇게 많은 비가 오는 것은 아니고 매년 강수량의 차이가 있다고 한다. 그나마 AT는 전반적인 고도가 많이 높지 않아서 겨울이 늦게 오는 편이고 트레일 위에서 눈을 맞이할 가능성은 적다. 미국 서부와 중서부에 위치한 PCT, CDT의 경우 평균고도가 높아 5-6월까지도 눈이 쌓여있고 9월 중순-말부터는 새로운 눈이 내리는 경우가 많아 하이커들을 곤혹스럽게 한다.

장거리하이커들은 트레일 위에서 계절의 변화를 몸소 체험한다. 3-4월에 AT를 출발한 하이커들은 여름이 깊어질 무렵 AT의 절반지점을 지난다. 높은 온도에 동부의 습기까지 더해지니 AT에서 맞이한 여름은 무척이나 더웠다. 산속에서 맞이하는 계절변화는 일상에서보다 더 급격한 것처럼 느껴진다. 끝나지 않을 것 같던 무더위도 어느새 한풀 꺾였다. 게다가 메사추세츠 주를 지나면서는 위도가 높아져서인지 아침저녁으로는 제법 날씨가 시원해졌다. 요 며칠 아침에는 경량패딩을 꺼내 입어 포근하게 시작하곤 한다. 이러한 계절변화 역시 하이커들에게는 스트레스일 수 있다.

그럼에도 불구하고 트레일에서 마주할 수 있는 스트레스는 감당할 수 있을 만한 것이다. 거친 야생생활과 다양한 자연환경 등을 견뎌내면서 살아온 인간의 역사를 보면, 인간이 얼마나 놀라운 적응력을 가지고 있는지 알 수 있다. 게임에서는 매번 적 하나를 물리치면 더 큰 적이 등장하게 된다. '끝판왕'은 따로 있다. 이처럼 장거리트레일, 그리고 장기간여행에서의 스트레스 역시 복병은 따로 있었다.

무슨 돈으로 여행을 해?

(Day 103 / 33.76km, Wintturl Shelter ~ Happy Hill Shelter / Total : 2,786.88km)

"무슨 돈으로 여행을 계속해?"

2년째 신혼여행, 그의 경우 3년째 세계여행 중인 우리 부부가 종종 듣는 질문이다. 우리의 여행이야기를 들으면 국적을 불문하고 대부분의 사람들이 하는 질문이다. 그때마다 우리는 이렇게 대답한다.

"우리는 한국에서 일해서 틈틈이 돈을 저축했어. 지금은 그 돈으로 여행 중이야."

그러고 나면 이후의 여행을 계속해 갈 금전적인 문제는 어떻게 해결할 예정인지 묻는 이도 많다. 그때는 멋쩍은 웃음을 지으며

"어떻게든 되겠지?!"

라고 답하는 경우가 많다. 글쎄. 이것은 솔직히 우리 두 사람이 직면한 가장 큰 현실적인 고민거리이자 많은 장기여행자들이 직면하게 되는 스트레스계의 복병 중 하나이다. 그와 나는 각각 4년가량 한국에서 직장생활을 하며 저축해둔 돈으로 여행을 하고 있다. 우리 두 사람의 평소 경제생활 패턴이 '아낄 때는 아끼고, 써야 할 때는 쓴다'는 주의여서 그런지, 비교적 적지 않은 금액을 저축할 수 있었다. 그렇다고 많은 금액도 아니었다. 물론 직장생활을 할 때부터 '연인과의

세계여행'을 목표로 했더라면 더욱 독하게 돈을 모았을지도 모르겠다. 그 저축금액에 그간 일한 퇴직금이 더해져 우리 둘의 여행자금이 마련되었다.

그간 저축한 금액으로 2년간의 신혼여행을 하고도 아직 금전적으로 큰 문제가 없는 것은 조금 독특한 우리 여행방식이 7할은 차지한다. '두두부부'라는 이름의 기원이 되는 두 바퀴의 자전거와 두 다리의 하이킹으로 여행을 지속해오면서 우리의 대부분 이동수단은 자전거 혹은 두 다리였다. (물론 한국−미국 등 거리가 상당히 큰 이동을 할 때 비행기를 탄다.) 그러다보니 여행경비에서 큰 부분을 차지하는 교통비가 크게 절약된다. 비록 버스나 자동차에 비해 상당히 느리다는 단점이 있지만, 세계 곳곳을 더 자세히 보고 경험할 수 있다. 게다가 현지인들과 더욱 가까이 지낼 수 있다.

더불어 우리는 의식주 모두를 저렴하게 해결한다. 자전거와 두 다리로 여행하면서 짐의 무게도 줄일 겸, 옷은 거의 단벌이었다. 게다가 버너와 연료를 가지고 다니면서 하루 한두 끼 정도는 직접 해먹는 식생활을 유지한다. 또한 대부분 텐트생활을 하며 여행하기 때문에 숙박비도 상당부분 아낄 수 있다. 예쁜 옷, 숙소의 위생 상태나 퀄리티 등 우리가 감수해야 하는 어려움도 종종 있지만 보다 많은 여행지와 긴 여행기간을 위한 기회비용이라 생각한다. 이렇듯 여행경비에 큰 비중을 차지하는 교통비, 의식주 비용을 모두 아낄 수 있었기 때문에 2년간의 신혼여행에도 큰 금전적인 어려움이 없었다.

그럼에도 불구하고 이제 슬슬 금전적 문제가 체감된다. 통장에는 입금 항목 없이 출금만 계속 찍힌 지 오래다. 이전 멕시코나 과테말라 등 중미를 여행할 때는 그나마 물가가 저렴했지만, 미국은 결코 물가가 저렴하지 않다. 미국에서 딱히 씀씀이가 커진 것도 아닌데 높은 물가로 인해 통장잔고가 광탈당하는 느낌이다. 이 상황을 타개하기 위해서 소소한 일거리를 찾기도 했었다. 다행히도 두 바퀴와 두 다리로 여행하는 우리의 여행이야기에 관심을 가진 잡지나 신문사 등에서 기사 청탁을 받기도 했다. 또한 우리 스스로가 문을 두들긴 곳도 많다. 여행을 통해 큰 세상을 경험하면서 나름 사업아이템을 생각해보기도 했지만, 아직 우리가 그만큼 부지런하지 못함을 깨달았다. 그리고 또 한 가지. 타인으로부터 돈을 번다는 것은 결코 쉽지 않다는 것을 다시금 느꼈다. 이는 아마도 불변의 진리가 아닐까.

무슨 돈으로 여행을 하느냐는 질문은 아무래도 뻔한 정답이 보이는 것이라 할 수 있다. 사람이 살아가기 위해서 경제적인 부분은 떼려야 뗄 수 없다. 그러므로 언젠가는 생산을 하는 경제활동을 다시금 해야 한다는 정답이 자연스레 따라오게 된다. 그리고 우리 부부도 이 정답을 피해갈 수 없다. 다만 우리가 이것보다 옳은 정답으로 여기는 것은, 지금의 행복이 우선이라는 것이다. 그리고 다시금 생산을 위한 경제활동을 해야 할 때가 다가오면 그것이 언제가 되었든, 무슨 일이든, 가치 있게 임할 자신이 있다는 것이다.

사람은 누구나 하루 24시간, 1년 365일을 가지고 있다. 모든 사람

이 같은 양으로 가지는 그 시간을 어떻게 사용하느냐에 따라 각자 얻는 것은 달라진다. 시간이 당연히 주어지는 것이 아니라, '시간을 소비한다'는 개념으로 적용시켜보면 직장인들은 시간을 '직장'에서 소비함으로써 월급을 비롯한 돈을 구하게 된다. 시간과 돈을 바꾸는 것이다. 반면 여행자들은 시간을 '세계 곳곳'에서 소비하면서 시간과 새로운 경험을 교환하게 된다. 다행히도 사람이 시간을 소비 및 교환할 수 있는 방법은 이렇게 이분법적인 것이 아니라, 마치 분산투자를 하듯이 자신이 더 선호하는 곳에, 원하는 만큼, 나눠서 사용할 수 있다. 게다가 어떤 때는 시간과 돈을 교환하고, 어떤 때는 시간과 경험을 교환할 수도 있다. 물론 시간을 소비하는 방식을 변화시킬 때는 많은 용기가 필요하다.

지금의 나는 시간과 경험을 교환하고 있다. 이는 과거의 내가 시간과 돈을 교환하였기에 가능했고, 미래의 내가 언젠가는 시간과 돈을 교환할 것이기에 가능한 부분이다. 내가 다시 생산을 위한 경제활동을 해야 할 때가 오면, 다른 이들이 하는 것보다 두 배, 세 배의 노력을 해야 한다는 것을 안다. 그래도 괜찮다. 그들이 열심히 일할 동안, 나는 새로운 세상에서 많은 것들을 경험했기에 더 열심히 노력해야 할 의무가 있다.

물론 지금의 여행을 계속하며 생산경제활동을 병행하는 것도 꿈꿔본다. 아마 나를 비롯한 많은 장기여행자들이 꿈꾸는 것일 수도 있다. 다소 상업적인 방식으로 여행하는 이들을 보고 어떤 이들은 '때가 탔다' '유명해지려고 여행을 이용한다' 등으로 비판하는 경우도 있다. 이것이 비단 손가락질 받을 만한 일은 아니라고 본다. 삶의 방식이 여러 가지이듯, 여행을 하는 방식 역시 여러 가지라고 생각해주면 좋을 것 같다. 그들도 이런 스트레스를 이겨내고 나름 찾아낸 삶의 방식이라고 생각해주면 좋겠다. 더불어 사회인으로서의 역할을 하지 않고 장기여행을 하는 이들 역시 비난받을 일이 아니다. 단지 살아가는 양식이 다를 뿐이고, 앞서 이야기한 것처럼 시간을 무엇과 교환할지 가치관이 다른 것뿐이다. 이런 다양한 방식과 가치관을 인정해주는 사회가 되었으면 좋겠다. 또 이런 이들을 더욱 응원해주는 사회가 되면 좋겠다.

행복해지는 법을
아무도
가르쳐주지 않아서

나이가 청춘의 잣대는 아니다

(Day 105 / 31.2km, Trapper John Shelter-Ore Hill Campsite / Total 2,854.08km)

트레일을 걸으며 신기한 것 중 하나는 제법 연세가 있으신데도 장거리하이킹을 하는 분이 많다는 것이다. AT의 여정을 담은 소설과 동명의 영화 「워크 인 더 우즈(Walk in the Woods)」의 주인공 역시 나이든 시니어들이다. 이 책의 저자 빌 브라이슨과 그의 친구 카터는 처음 장비를 구입하는 일부터 트레일을 걷는 일 등이 수월치 않아 매번 삐그덕거린다. 하지만 실제 이 길에서는 그들과는 사뭇 다른 분위기의, 하이킹 경력이 다분해 보이는 남녀 시니어들을 종종 만날 수 있다. 물론 젊은 사람들에 비해서는 속도도 더디고 무릎이나 발목 등의 부상을 방지하기 위한 보조장비를 착용하는 경우도 있다. 또한 이렇게 험한 장거리트레일을 과연 견뎌낼 수 있을까 싶은 생각이 들 만큼 연약해보이는 분도 계셨다. 그럼에도 그들을 보면서 가장 먼저 든 생각은 이거였다.

'정말 멋지다.'

'나도 저렇게 나이 들면 좋겠다.'

우리가 AT를 시작하던 날, 스프링어 마운틴 정상에서 할아버지 한 분을 만났다. 아들과 함께 있던 할아버지와 간단히 인사를 나누고 출발하려는 순간, 할아버지의 아들이 우리에게 이런 부탁을 했다.

"혹시 AT를 걷다가 우리 아버지를 만나게 될 때 도움이 필요하면 도와줄 수 있을까?"

이야기를 들어보니 할아버지는 프랑스에서 오신 분이었다. 오랫동안 장거리트레일 하이킹에 대한 꿈을 키워오다가 드디어 그것을 실현시키기 위해 미국에 오신 거라고 했다. 첫 번째 장거리트레일을 위한 도전이고 영어라고는 아주 간단한 인사말 정도밖에 모르는 상황이었다. 그래서 미국에 살고 있는 아들이 회사에 휴가를 낸 뒤 아버지의 AT 초반 여정을 함께하고 있었다. 자신이 도울 수 있는 것은 단 며칠밖에 안되므로 당연히 그 이후의 아버지 안녕이 걱정되었을 것이다.

할아버지 연세에도 다년간 꿈꿔온 것을 이루기 위한 도전을 할 수 있다는 점이 멋있었다. 깡마른 몸매라 그가 메고 있는 배낭이 더욱 커보였지만, 길을 걷는 그의 뒷모습은 콧노래라도 부르는 듯 씩씩해 보였다. 할아버지를 다시 만나게 되면 반갑게 인사를 하고 도울 수 있는 일이 있으면 기꺼이 돕겠다고 약속했다. 그간 어떤 일들을 경험하며 AT를 걷고 있는지 이따금씩 궁금했지만, 아쉽게도 그분을 다시는 만나지 못했다.

600km 지점에서 잠시 쉬기 위해 멈췄던 곳에서 또 다른 할아버지를 만났다. 그의 영어발음이 조금 독특했다. AT를 걷기 위해 독일에서 여기까지 왔다고 했다. 손녀가 준 고슴도치 인형을 가방에 달고 다녀 헷지호그(Hedgehog, 고슴도치)라는 트레일네임을 사용하는 할

아버지는 이전에 미국 서부의 PCT와 산티아고 순례길을 다녀온 경험
이 있었다. 단지 장거리트레일을 걷기 위해 타국에서 멀리 미국까지
왔다는 공통점 때문에 우리는 쉽게 마음을 터놓고 친구가 될 수 있었
다. 나는 평소 관심이 많았던 PCT와 산티아고 순례길에 대한 여러 질
문을 할아버지에게 했다. 할아버지는 우리 부부가 경험한 CDT에 호
기심을 가지고 질문을 하셨다. 질문을 하는 그의 얼굴에는 새로운 세
상에 대한 호기심과 흥미진진함이 보였다. 한참 이야기를 나눈 뒤,
헤지호그 할아버지와 헤어져 각자의 속도로 길에 나섰다. 그가 무사
히 이 길을 완주하고 그의 트레일네임인 헷지호그 인형을 준 손녀를

만나러 갈 수 있길 응원했다.

오늘 만난 한 아주머니는 AT가 지나는 펜실베이니아에서 자랐고, 그곳에서 계속 생활했다고 한다. 이 아주머니는 동네 뒷산인 AT 산길을 걷는 하이커들을 오랜 시간 보아오면서 언젠가는 자신도 꼭 AT 3,500km를 걸어보고 싶다는 꿈을 꿔왔다고 했다. 하지만 삶에 치여 그저 꿈으로만 간직해야 했다. 그리고 자녀들이 모두 대학에 간 2년 전, 처음 AT를 걷기 시작하여 2년에 걸쳐 AT를 완주하는 꿈을 실현시키고 있다고 했다. 아주머니께서는 올해 이 길을 다 걷고자 하지만, 꼭 그것만이 정답은 아니라고 했다. 자신의 속도와 컨디션에 맞춰 천천히, 몇 년이 걸려도 이 길을 걸어 꿈을 이루고 싶다고 하셨다. 속도는 느릴 수 있지만, 그 누구보다 이 길 자체를 즐기고 있는 듯이 보였다.

이 외에도 나이가 지긋한 하이커들을 많이 만난다. 젊은 사람들도 힘들 수 있는 장거리하이킹을 신체적, 정신적, 그리고 사회적 편견 등의 한계를 이겨내고 도전하는 모습이 멋있어 보였다. 게다가 그분들은 '꼰대'같은 모습을 보이는 것이 아니라 오히려 소년소녀와 같은 모습으로 트레일에 임하며 즐기고 있었다. 그리고 그 속에서 청춘과 같이 뜨거운 마음을 느낄 수 있었다. 나이가 든다는 것은 그 누구도 거스를 수 없는 자연의 섭리지만, 청춘과 같은 마음을 유지하는 것은 나이가 많고 적음과는 무관함을 다시금 깨닫고 있다. 우리 두 사람도 청춘과 같은 마음을 간직한 채 나이 들 수 있기를 바란다.

행복해지는 법을
아무도
가르쳐주지 않아서

4부

음악을 끄고 걸었다. 인위적인 소리를 끄자, 바람소리, 땅 위의 풀들이 흔들리는 소리, 그리고 우리의 발걸음 소리, 숨소리만이 들려왔다. 그 순간 아주 단순하면서도 큰 울림이 마음에 와 닿았다. 맞다. 내가 지금껏 AT를 걸을 수 있었던 것은 바로 이들 덕분이었다. 힘든 오르막길을 조금이나마 흥겹게 오르기 위해 음악이나 팟캐스트가 도움이 되기도 했을 테지만, 결국은 바로 자연의 소리, 나와 그의 조용하지만 서로를 응원하는 소리, 그리고 존재 그 자체가 이 긴 길을 걷는 데 큰 힘이 되었다.

(Day 106 / 26.56km, Ore Hill Campsite-NH 112+North Woodstock / Total 2,880.64km)

"화이트 마운틴은 정말 멋있어!"

AT에서 만난 많은 사람들이 하는 말 중 하나였다. AT 전체구간을 걷는 하이커들은 물론, 마을과 트레일을 오가거나 트레일에서 만나는 사람들과 이야기를 나눌 때 많은 사람들이 화이트 마운틴을 극찬했다. 화이트 마운틴의 정확한 지명은 화이트 마운틴스 내셔널 포레스트(White Mountains National Forest)로 뉴햄프셔 주에 넓게 분포되어있고, 메인 주에도 일부 걸쳐져 있다. AT를 시작하기 전부터 이곳의 명성에 대해 종종 들어왔기 때문에, 우리 두 사람은 화이트 마운틴스 내셔널 포레스트가 주로 분포해있는 뉴햄프셔 주에 도착할 무렵부터 가슴이 두근거렸다.

'Welcome to White Mountain!'

드디어 화이트 마운틴스 내셔널 포레스트에 입성했다는 것을 알리는 간판을 발견했다. 알고 보니 그 간판은 화이트 마운틴스 내셔널 포레스트의 공식 간판은 아니었다. 근처에 사는 사람들이 만들어 놓은 것이었지만, 많은 하이커들은 그 간판을 보고 신났을 것이다. 화이트 마운틴스 내셔널 포레스트의 대부분이 뉴햄프셔 주에 위치하

고 있기 때문인지, 뉴햄프셔 주의 사람들은 이 화이트 마운틴스 내셔널 포레스트에 엄청난 자부심을 가지고 있는 듯이 보였다. 그도 그럴 것이 그 간판이 있던 바로 가까이에서 만난 트레일매직의 첫 인사도 "Welcome to White Mountain!"이었다.

트레일매직이 열린 그곳의 분위기가 심상치 않았다. 분명 우리가 걷고 있는 여느 숲속과 비슷한 길이었는데 비를 가리는 천막이 쳐있었고, 큼직한 스토브, 여러 종류의 과자, 과일, 음료 등이 놓인 탁자, 그리고 캠핑용 의자 서너 개도 함께 놓여있었다. 외형상으로는 하이커들에게 무료로 제공되는 트레일매직이 아니라, '혹시 돈 받고 장사하는 곳인가?'라는 생각이 들 정도였다. 쭈뼛거리는 우리를 보고 트레일매직을 제공해주는 트레일엔젤이 말을 건넸다.

"오믈렛 먹을 거지? 계란 몇 개 먹을래?"

"두 개 정도?"

"겨우 두 개밖에 안 먹어? 끝까지 AT를 걸으려면 많이 먹고 힘내
야지!!"

알고 보니 그는 바로 '오믈렛가이'라는 트레일네임으로 알려진 트
레일엔젤이었다. 뉴햄프셔 쪽에 가면 길 위에서 오믈렛을 만들어주
는 트레일엔젤이 있다고 놓치지 말고 꼭 만나야 한다고 이야기 들어
왔는데, 오늘 바로 그를 만난 것이었다. 계란을 몇 개 먹을 거냐는 질
문도 다소 당황스럽긴 했지만, 오믈렛가이는 겨우 계란 두 개로 어떻
게 힘을 내겠냐며 세 개씩 만들어준다고 했다. 한 번에 계란 세 개를
먹어본 적이 언제였나. 계란 세 개로 만든 오믈렛 크기를 머릿속으로
상상하며 오믈렛가이의 트레일매직 장소에서 서너 명의 하이커와 함
께 이야기를 나누었다. 전체 14개의 주를 걸어야 하는 AT에서 12번째
주인 뉴햄프셔에 도착하였고, 이제 곧 화이트 마운틴스 내셔널 포레
스트에 도착한다는 설렘으로 하이커들은 들뜬 듯이 보였다. 아니 좀
더 정확히 말하면 그런 사실보다 곧 맛보게 될 뜨끈뜨끈한 오믈렛 때
문에 다소 상기된 채로 이야기를 나눴을지도 모르겠다.

이내 우리 앞에 오믈렛이 등장했다. 1인당 계란 세 개로 만들어진
오믈렛은 생각보다 양이 많았다. 그도 그럴 것이 만드는 과정을 보아
하니 계란만 들어가는 것이 아니라 양질의 햄이 듬뿍 들어가 더욱 푸

짐했다. 풍성한 양 못지않게 갓 만들어낸 오믈렛 맛도 일품이었다. 오믈렛가이에게 최고라는 뜻으로 엄지를 치켜세웠다.

"맛있어? 나도 빨리 먹고 싶다! 계란 몇 개를 주문했어?"

기다리고 있던 하이커가 말했다. 계란 세 개씩이라고 말하자 그는

"겨우? 난 열 개를 주문했는데! 하하하."

"계란 열 개라고? 역대급 가장 많은 숫자겠구나. 하하하."

그러자 우리의 말을 듣고 있던 오믈렛가이가 말했다.

"신기록이라고? 아니야. 계란 20개를 요청한 사람이 있었어. 대단하지!"

정말 놀라웠다. 계란 20개를 먹겠다고 주문한 하이커도 대단하고, 이 일을 계속해오고 있는 트레일엔젤, 오믈렛가이 역시 대단하게 여겨졌다. 하이킹 시즌이 되면 1~2달 동안 하이커들에게 오믈렛을 만들어준 지 10년이 넘었다고 했다. 이는 AT에 대한 애정 어린 마음이 없다면 불가능한 일이 아닐까 싶었다. 화이트 마운틴스 내셔널 포레스트에 대한 기대감으로 잔뜩 부풀어있었는데, 오믈렛가이의 트레일매직은 더욱 기분을 들뜨게 만들어주었다.

#여름휴가, 그리고 랍스터 원정대

(Day 120 / 0km / Total 2,880.64km)

매일 아침 일어나 AT를 걷는 일상을 보내고 있는 우리는 'AT 하이커'라는 직업을 가졌다 해도 과언이 아니다. 많은 직장인들이 여름휴가를 떠나듯이 우리도 여름휴가를 떠나기로 했다. 휴가를 떠나는 곳은 바로 미국 서부에 있는 PCT! 원래 직업에서 벗어나 휴가를 가서도 또 걷는 것이지만 말이다. 한국의 아웃도어 브랜드인 제로그램(ZEROGRAM)은 그가 처음 장거리하이킹을 시작할 때부터 도움을 주고 있는 브랜드이다. 제로그램에서 진행하고 있는 행사 중 제로그램 클래식(ZEROGRAM CLASSIC)은 4~5일 동안 하이킹을 하는 프로그램인데, 이번에는 미국 PCT 구간을 하이킹하기 위해 미국 서부로 온다는 소식을 들었다. 그 행사를 돕기 위해서도 있지만, PCT의 최대 규모 축제인 PCT Days 일정과도 겹치는지라 동부에서 PCT가 위치한 서부로 휴가차 다녀오기로 한 것이다.

이번 제로그램 클래식은 PCT 구간 중에서도 가장 마지막 구간인 하츠 패스(Harts Pass)부터 미국과 캐나다의 국경인 모뉴먼트 78(Monument 78)까지 하이킹하는 것으로 그 거리가 꽤나 긴 편이라 참가자들에겐 고행길이었을 것이다. 다행스럽게도 모두들 힘들어하

201

기보다는 그 순간을 즐기기 위해 노력하는 듯 보였다. 치열한 한국에서의 사회 및 직장생활에서 벗어나 대자연을 경험하는 그들의 얼굴에는 행복이 배어났다. 나 역시 그 순간을 즐겼다. AT와는 확연히 다른 풍경이었고, 이미 이 길을 걸었던 그가 숱하게 말해왔던 PCT를 직접 체험할 수 있어서 더욱 좋았다. 그리고 언젠가는 이 길을 더 경험해보고 싶다는 마음을 품게 되었다.

모든 행사가 끝난 뒤, 이제 다시 AT가 위치한 동부로 돌아갈 시간이 되었다. 우리나라의 경우 동서를 가로질러도 300km 남짓이라 자동차로 4-5시간가량 소요되지만, 드넓은 면적의 미국은 비행기를 타고도 한참이 걸린다. 미국 동부의 보스턴에 도착하는 데 6시간이 걸렸다. 보스턴에 도착하고 나서도 4-5시간가량 버스를 타고 이동을 해서야 여름휴가를 떠났던 마을 노스 우드스탁(North Woodstock, New Hampshire)에 도착했다. 참으로 머나먼 여정이었고, 미국 땅이 광활하다는 것을 다시 한 번 실감하게 되는 순간이었다.

휴가를 다녀왔으니 짐정리를 해야 했다. 매번 트레일에서 마을로 휴식을 취하러 가는 것처럼 빨래를 시작했다. 햇볕이 좋아 호텔 앞에 침낭과 배낭을 걸어두고 말리기도 했다. 휴가를 다녀온 것이긴 했지만, 우리가 평소 AT 트레일에서 걷는 것 못지않게 강행군을 했기에 하루 더 쉬면서 휴식을 취하기로 했다.

제로데이에는 가급적이면 걷지 않으려 노력한다. 심지어 어떤 하이커들의 경우는 배달주문으로 피자를 시켜 먹으며 호텔 밖으로 한

행복해지는 법을
아무도
가르쳐주지 않아서

발자국도 안 나가기도 한다. 그 정도까지는 아니지만, 우리 부부도 제로데이에는 적게 움직이는 편이다. 그런데 노스 우드스탁에서는 자그마치 왕복 6km가량을 걸었다. 그 이유는 바로 마트에서 뉴햄프셔의 명물, 랍스터를 사기 위해서였다. 뉴햄프셔와 메인의 경우 미국 내에서도 유명한 랍스터 산지이다. 들은 바로는 예전에는 랍스터가 너무 많이 잡혀서 어느 정도 잡히고 나면 바다에 다시 쏟아버릴 정도였다고 한다.

랍스터가 이렇게 흔한 지역이다 보니, 뉴햄프셔 인근 지역에 들어서면서부터 마트에 가면 랍스터를 판매하는 모습을 종종 보게 되고 랍스터를 이용한 음식을 판매하는 가게도 쉽게 볼 수 있었다. 심지어 뉴햄프셔에 위치한 맥도날드에서는 '랍스터롤(랍스터 살로 만든 샐러드 같은 것을 넣은 샌드위치)'을 판매하고 있어 많은 이들이 즐기고 있었다. 대중적인 패스트푸드점에서도 판매하는 랍스터를, 가난한 여행자이긴 하지만 이참에 한번 먹어봐야 하지 않겠나라는 생각에 우리 부부는 '랍스터 원정대'가 되어 떠났다.

마트에 도착하여 세 마리의 랍스터를 주문했다. 단돈 20달러 초반의 금액이었다. 마트 수족관에 살아있는 랍스터를 바로 잡아 그곳에서 쪄주는 방법으로, 15분 정도 지나자 우리 손에 랍스터가 쥐어졌다. 이제 또 다시 3km가량을 걸어 호텔에 가야 했다. 빨리 먹고 싶은 마음에 여느 때보다 3km의 여정이 길게 느껴졌다. 두근거리는 마음으로 호텔에 도착하자마자 재빠르게 랍스터와 마실거리를 세팅했다.

그리고는 랍스터 껍질에서 뽀얀 속살을 발라내서 소스에 찍어 입에 넣었다. 오동통하게 오른 다디단 살이 입속에서 사르르 녹고 있었다. 어느 값비싼 레스토랑에서 먹는 음식이 이렇게 맛있을까. 입 속에서 황홀경이 펼쳐졌다. 우리는 한 손으로는 랍스터를 입에 넣느라, 다른 한 손으로는 엄지를 치켜세우느라 정신없었다.

AT를 걸으면서 마을에 오더라도 레스토랑에 가서 식사를 하는 경우는 한 손에 꼽을 만큼 적고 맥도날드 같은 패스트푸드점을 방문하거나 직접 해먹는 것이 대부분이었다. 미국 레스토랑의 경우 팁을 주기 때문에 음식 값 못지않게 지출이 커서 가급적이면 피해온 터였다. 항상 돈을 아끼고 절약해야 하는 장기간 세계여행자가 이렇게 합리적인 가격으로 랍스터를 먹을 수 있다는 것은 길 위에서의 소소한 행복이었다. '랍스터 원정대'를 다녀온 보람이 있었다. 랍스터 세 마리를 먹고 랍스터 라면까지 끓여먹어 원기충전하고 다시 AT로의 복귀를 준비했다.

행복해지는 법을 아무도 가르쳐주지 않아서

(Day 125 / 18.8km, Bushcamp-Madison Spring Hut / Total 2,980.16km)

PCT가 위치한 미국 서부로 휴가를 다녀온 뒤, 마치 AT 여정의 제2막이 시작되는 느낌이었다. 직장생활을 하면서 학수고대했던 휴가를 통해 휴식을 취함은 물론, 새로운 마음가짐을 가지게 되는 것과 비슷한 상황이랄까. 게다가 우리 앞에는 AT의 하이라이트라고 할 수 있는 화이트 마운틴스 내셔널 포레스트가 시작되었기에 더욱 설렜다. 수많은 하이커들이 극찬하는 곳이었고, 멋진 풍경 속에서 하이킹할 수 있는 곳으로 명성이 자자한 곳이었다.

그 이름은 내 머릿속에 상상력을 불러 일으켰다. 흰 눈이 많은가? 아니면 그레이트 스모키 마운틴스 내셔널파크처럼 흰색 구름이 항상 자리 잡고 있나? 화이트 마운틴스 내셔널 포레스트의 관문인 노스 우드스탁 마을에서 트레일로 복귀하면서 우리를 태워준 아저씨에게 이름의 기원에 대해 여쭤보니 맑은 날씨에 산에 오르면, 저 멀리 대서양까지 보인다고 하여 화이트 마운틴스 내셔널 포레스트라고 불린다고 했다.

이 지역 전체의 이름인 화이트 마운틴스 내셔널 포레스트뿐만 아니라 그 지역을 이루는 산들의 이름 역시 신기하였다. 걷다 보니 어디선가 많이 들어본 듯한 이름의 산들이 등장하였는데, 제퍼슨(Jefferson), 아담스(Adams), 링컨(Lincoln), 잭슨(Jackson), 프랭클린(Franklin) 등 바로 역대 미국 대통령들의 이름이었다. 이 산들은 대부분 18-19세기의 저명한 미국 대통령들의 이름을 따르고 있었고, 이 일대를 프레지던트 레인지(Rresident Range)라고 불렀다. 그 이름이 주는 이미지 덕분인지 괜히 그 모양새도 위용 있어 보였고 '이번에는 어느 이름의 산을 오르나?' 하고 찾아보는 재미를 주었다.

그 중에서도 마운트 워싱턴(Mount Washington, New Hampshire, 1,917m)은 프레지던트 레인지와 화이트 마운틴스 내셔널 포레스트는 물론 미국 북동부지역에서 제일 높은 산이다. 푸른 하늘과 맞닿아 있는 높은 산세와 더불어 수목한계선을 지나 그대로 드러나 있는 산의 모양새는 하이커들의 흥미를 끌기에 충분해보였다. 우리 역시 이곳에 오르는 날을 기대하였다. 동시에 이곳은 미국에서 가장 최악의 기상기록을 가지고 있는 지역으로, 날씨가 짓궂기로 악명이 높았다. 1934년 4월 12일에 관측된 바로는 마운트 워싱턴 정상에서 372km/h의 바람이 불었다고 한다. 또한 맑았다가도 금세 구름이 끼고 비가 쏟아지는 경우도 있고, 4-5월까지도 폭설 수준의 눈이 오는 경우도 있다 한다. 2017년이 유독 비가 많은 해였던지라, 우리가 마운틴 워싱턴에 오를 때만은 날씨가 좋기를 간절히 바랐다.

다행히 화이트 마운틴스 내셔널 포레스트를 걷는 동안 날씨가 좋았다. 하늘은 푸르게 빛났고 틈틈이 새하얀 구름들이 하늘을 장식하였

행복해지는 법을
아무도
가르쳐주지 않아서

다. 어느 정도 고도에 오르니 수목한계선을 넘어섰고, AT를 상징하는 '숲'을 벗어나 머리 바로 위로 하늘이 드러났다. 사방이 탁 트인 풍경을 바라보고 걸을 수 있었고, 눈앞에 펼쳐진 겹겹이 쌓여있는 산들이 우리를 반겼다. 저절로 콧노래가 흘러나오는 날이었다.

　물론 길은 결코 쉽지 않았다. 적지 않은 경사도의 산길은 오르막과 내리막이 반복되었고, 암석으로 이뤄진 길이 많아 발바닥으로 충격이 전해졌다. 아마도 낡은 신발 탓에 충격이 오롯이 나의 몸으로 전해지는 느낌일 수도 있겠다. 그럼에도 불구하고 행복했다.

　마운트 워싱턴 정상에 오르는 길은 꾸준히 오르막이 이어지다가 2.4km가량 가파른 오르막이 이어졌다. 화이트 마운틴스 내셔널 포레스트에는 하이커들의 휴식과 안전 등을 위하여 헛(Hut)이 설치되어 있다. 마운트 워싱턴 정상에 오르기 직전 위치한 레이크스 오브 더 클라우드(Lakes of the Clouds)라는 헛에서 간단히 아침을 먹고 정상을 향해 발걸음을 움직였다. 날씨는 맑았지만 이른 아침시간인데다가 평소 바람이 많이 부는 지역이라 그런지, 헛에서 먹은 빵 한 조각과 따뜻한 차는 으슬으슬한 몸과 배고픈 마음을 달래주었다.

　레이크스 오브 더 클라우드 헛에서 출발해 마운트 워싱턴 정상에

행복해지는 법을
아무도
가르쳐주지 않아서

오르기까지 2.4km. 오랜만에 음악을 끄고 걸었다. 평소 트레일을 걸으며 우리 둘은 서로 이야기를 나누기도 하지만, 종종 팟캐스트나 음악을 들으면서 걷는다. 인위적인 소리를 끄자, 바람소리, 땅 위의 풀들이 흔들리는 소리, 그리고 우리의 발걸음 소리, 숨소리만이 들려왔다. 그 순간 아주 단순하면서도 큰 울림이 마음에 와 닿았다. 맞다. 내가 지금껏 AT를 걸을 수 있었던 것은 바로 이들 덕분이었다. 힘든 오르막길을 조금이나마 흥겹게 오르기 위해 음악이나 팟캐스트가 도움이 되기도 했을 테지만, 결국은 바로 자연의 소리, 나와 그의 조용하지만 서로를 응원하는 소리, 그리고 존재 그 자체가 이 긴 길을 걷는 데 큰 힘이 되었다.

짧지만 강렬한 마지막 오르막을 올라 마운트 워싱턴 정상에 올랐다. 정상에서 360도 파노라마로 펼쳐지는 풍경이 보였고, 구름이 발밑에 있어 마치 우리가 구름을 탄 듯한 느낌이 들었다. 주말을 맞이하여 수많은 하이커들이 마운트 워싱턴 정상에 있었다. 하지만 오르막길을 오르며 사뭇 깨닫게 된 사실 덕분에 마치 우리 둘만이 그곳에 있는 듯한 느낌이 들었다. 마운트 워싱턴에서의 멋진 풍경은 물론, 이곳에서의 생각들은 나의 머리와 가슴 속을 계속 맴돌았다.

(Day 128 / 19.2km, Full Goose Shelter & Campsite-Bladpate Lean-to / Total 3,079.84km)

며칠 전부터 단것이 땡기는 것과 더불어 다리가 저린 느낌이 있었는데, 어젯밤부터 좀 더 심해지더니 대자연의 기간(생리)이 시작되었다. 사람마다 증상이 다르지만, 나의 경우는 이 기간 중에도 그 여파가 거의 미치지 않는다. 매번 그 시간이 올 때마다 나를 튼튼하게 낳아주시고 별다른 생리통이 없게 낳아주신 엄마께 감사하게 된다. 생리통 증상은 일 년 중 한두 번 정도 경험하고 평소처럼 움직여도 크게 무리는 없는 편이지만 그래도 몸과 마음이 힘든 기간임은 분명하다. 게다가 트레일에 있어 씻지 못하는 찜찜함은 생리통 유무와 별개로 스스로 극복해내야 하는 과제이다.

하필이면 크고 작은 돌길을 계속 걸어야 하는 프랑코니아 노치(Franconia Notch)를 지났다. 이 지역은 많은 하이커들에게 회자되는 곳이었다. 큰 바위들이 잔뜩 쌓여있는 구간으로, 때로는 바위 밑으로 기어들어가기도 해야 하고, 때로는 뛰어올라 매달려야 하는 구간도 있었다. 트레일의 지면 상태도 나를 힘들게 만들었지만 계속해서 숨차게 바위를 오르내리면서 신체온도를 더 높이는 상황은 나를 더욱 힘들게 만들었다. 가뜩이나 몸에 열이 많은 편인데 생리기간에는 유

난히 더위를 타는지라 진이 빠지는 느낌이었다. 힘들었던 하루였지만 하루 일과를 마친 후 텐트를 치고 누워 생각했다. 그나마 생리통을 겪지 않은 것이 얼마나 다행인가. 생리기간에도 이렇게 돌아다니고 활동할 수 있으니 얼마나 감사한가.

"여자가 장거리하이킹을 하는 게 힘들지 않아요?"

내가 자주 받는 질문 중 하나이다. 만일 내가 그와 함께 세계여행을 다니지 않았다면, '여자 혼자 여행하는데 위험하지 않아요?'라는 질문까지 더해졌을 것이다. 소셜미디어와 인터넷을 통해 여성 여행자들에 대한 이야기를 접할 때 이런 질문이 따라 붙는 경우들을 종종 보았기 때문이다. 나는 이것이 별 의미 없는 질문이라고 생각한다. 또한 다소 폭력성이 묻어있는 질문이라 생각한다. 여성이라서 힘든 것이 아니고 장거리하이킹 자체가 힘든 것일 터이다. 여성 혼자라 위험한 것이 아니라, 여행할 때의 특정 행동들을 한다면 성별을 불문하고 누구나 언제든 위험에 처할 수 있다. 우리가 살고 있는 대한민국에서도 언제 어느 때든 위험은 도처에 깔려있지만 위험에 처하지 않기 위해 행동을 조심해야 한다. 그와 같이 다니는 나조차도 위험에 처하는 순간들이 있다. 그렇기 때문에 여성이라서 장거리하이킹이 힘들거나 여행이 위험하지 않느냐는 질문은 본질적으로 무엇을 묻기 위한 질문인지를 다시 한 번 생각해보게 된다. 또한 그 자체만으로 성별에 대한 차별적인 잣대를 포함한 질문이어서 '여성인 내가 장거리하이킹, 혹은 여행을 하면서 힘들어야 하나?'라고 불필요한 자기

행복해지는 법을
아무도
가르쳐주지 않아서

성찰을 하게 만드는 다소 불편한 질문이기도 하다.

사실 이러한 질문은 누구나, 별다른 저의 없이 건넬 수 있는 것이기도 하다. 또한 이 질문을 하는 주체가 비단 남성뿐만 아니라 많은 여성들이기도 하다. 그렇기 때문에 이 질문을 들었을 때의 불편함, 그리고 무언가를 되새겨 생각해보게 만드는 포인트는 하나의 특정 성이 다른 성을 차별하는 프레임이라기보다는, 남성과 여성을 구분 짓지 않아야 할 때 괜한 잣대를 들이대는 부분에서부터 시작되는 것일 수도 있다. 여성이라, 남성이라 힘들다기보다는 장거리하이킹이나 여행 그 자체가 힘들 수도, 위험할 수도 있다는 데에 초점을 맞춰야 한다.

　그래도 꼭 질문을 해야겠다면 나는 이렇게 대답하고 싶다. 물론 장거리하이킹이나 장기여행에서 여성이기 때문에 제한적인 상황에 처할 수 있고 생리기간 등 피곤한 경우도 많다. 하지만 생각보다 여성은 강하다. 단지 여성이라는 이유로 여행이나 장거리하이킹, 혹은 새로운 것을 시도하는 삶을 포기하지 않았으면 좋겠다. 또한 스스로를 여성이라는 틀 안에 가두지 않았으면 좋겠다. 기꺼이 누릴 수 있는 행복에 몸을 던져보면 좋겠다.

행복해지는 법을
아무도
가르쳐주지 않아서

그리움에 대하여

(Day 131 / 15.04km, Sabbath Day Pond Lean-to-ME 4+Rangeley / Total 3,136km)

머릿속이 온통 먹고 싶은 것으로 가득 차 있다. 두툼하게 썬 돼지고기를 푹 익은 김치와 함께 자글자글하게 끓인 엄마표 김치찌개가 그립다. 돼지고기와 양파, 파가 한 가득 들어있는 엄마가 해준 제육볶음이 그립다. 잘게 다진 소고기와 감자, 당근 등을 한 가득 넣고 부글부글 오랜 시간 동안 끓여낸 아빠표 고깃국이 먹고 싶다. 어렸을 때 감기기운이 있으면 아빠는 고깃국을 끓여주었고, 나는 입으로 호호 불면서 국물보다 더 많은 건더기를 떠먹었다. 그 고깃국 한 숟가락이면 뉴햄프셔의 추운 기운도 싹 사라질 것 같다. 돼지고기가 잔뜩들어간 돼지국밥도, 각종 다양한 부위가 들어간 순댓국도 맛있겠다. 삼겹살 혹은 오겹살을 구워 쌈장이나 기름장에 푸욱 찍어 먹고 싶다. 가장자리가 바삭하게 구워지고 김치 부분이 약간 그을린 김치부침개가, 구웠다기보다는 튀겨낸 듯한 광장시장의 녹두부침개와 막걸리가 그립다. 시원하면서도 겨자 맛이 코를 쨍하게 하는 물냉면이 그립다. 서울 삼청동에 있는 눈나무집의 김치말이 국수가 먹고 싶고, 이화사랑의 참치김밥에 학생 때 먹던 것처럼 마요네즈를 굵게 뿌린 뒤 크게 한 입 '앙' 하고 먹고 싶다. 영심이떡볶이와 엽기떡볶이가, 그리고 동대문원단시장 앞에 있는 포장마차의 튀김과 떡볶이가 그립다. 깻잎 향과 들깨 맛이 핵심인 곱창 볶음이, 지글지글 자글자글 구워진 양곱창이 먹고 싶다. 오븐에서 갓 빼낸 스타벅스의 햄치즈루꼴라 샌드위치가 먹고 싶고 매일 아침 스트레칭과 세수만 한 채 무쇠 팬에 불을 올려 구워먹던 스테이크 혹은 버터 한 가득 넣고 육즙 가득하게 그가 구워준 스테이크가 먹고 싶다. 우리 부부의 취향대로 아주 진한 화이트소스와 새우, 베이컨 등을 풍성하게 넣은 파스타가 먹고 싶다.

요 며칠 트레일을 걷는 동안 내내 먹는 것만 떠올렸다. 식량을 부족하게 챙긴 것도 아닌데 말이다. 생각해보니 먹고 싶은 음식도 음식이지만, 그 음식을 같이 먹던 사람들이 그리운 거였다. 화려하고 값비싼 음식이 아니라 그리운 사람, 그리운 나의 일상이 담긴 이야기가 그리웠다. 무엇보다 맛난 음식을 해주시던 아빠와 엄마가 생각났다.

영화나 드라마를 보면 '다른 건 다 참아도 우리 부모님을 건드리는 건 못 참아!'라고 말하는 장면이 나오는 때가 종종 있다. 그 누가 '부모님'이라는 단어 자체, 그리고 그 단어가 주는 고유한 감정에서 자유로울 수 있을까. 그것이 따뜻함이든 가슴이 아려오는 마음이든, 애정이든 증오든 무엇이든 간에. 어려서부터 아빠, 엄마라는 존재, 그 단어는 나에게 마치 '아킬레스 건'과 같은 존재였다. 이런 때는 왜인지 부모님이라는 단어보다는 아빠, 엄마라는 단어를 써야 할 것 같다. 아킬레스건은 우리 몸 중에서 가장 튼튼한 힘줄이면서 동시에 가장 치명적으로 약한 부분이라고도 한다. 그런 이유로 나에게 아빠와 엄마라는 존재는 무한경쟁 사회 속에서 내가 학생, 직장인, 그리고 사회의 한 구성원으로서 보다 경쟁력을 가지도록, 독한 마음을 가질 수 있도록 해준 일등공신이다. (물론 두 분 중 그 누구도 나에게 1등을 강요하지 않았다.) 부모님에게 인정받는 딸이 되고 싶었고, 사회에서 인정받는 사람이 되어 부모님이 소위 딸 자랑을 하면서 살게끔 하고 싶었다. 그와 동시에 특정 상황에서 아빠, 엄마라는 단어만 들어도 왠지 눈시울이 붉어지고 목이 메어오는 그런 존재였다. 언니와 나, 두 딸을 키우기 위해 두 분이 얼마나 많은 것을 희생하고 고생하셨는지 조금이나마 알기 때문이었다.

장거리 여행을 떠나며 부모님과 가족에 대한 그리움이 막연하게 커져있는 것도 사실이지만, 바로 옆에 남편, 이제 나의 또 다른 가족이 있어서 그런지 제법 견딜 만하다. 그리고 내가 선택한 여행이기 때문에 약해지기보다는 강하게 마음먹자고 스스로 주문을 외웠기 때문에 그리움을 견뎌내야만 한다고 생각해왔을지도 모른다. 그런데 이상하게 요즘 들어 아빠 엄마를 보고 싶다는 마음이 불쑥불쑥 튀어나와 결국 카카오톡으로 전화를 걸었다. 신호음이 한참 울리고 휴대폰 너머로 엄마의 목소리가 들린다.

"엄마, 나예요!"

엄마는 내 목소리를 듣고 무척이나 반가워하셨다. 엄마와 한참을 수다 떨었다. 간간히 안부를 전하고 있지만 새로 하는 이야기처럼 근황을 전하고 아빠 엄마의 안부를 묻자

"우리는 아주 잘 지내고 있어."

재빨리 대답하고는 둘째 딸과 사위에 대한 근황을 묻느라 정신 없으셨다. 미국을 여행한다고만 해도 걱정하실 텐데, 깊은 산속, 야생에서 지내고 있을 딸 내외가 얼마나 걱정되셨을까. 한 시간 남짓 통화를 마치고나서 휴대폰이 뜨끈하게 열이 오른 뒤에야 전화를 끊었다. 그 통화로 순간 한국에 다녀온 듯한 마음이 들었다.

"우리는 노년의 부부처럼 잘 지내고 있어. 언제 볼지 기약도 없이 떠난 딸이라 곧 보자는 말도 못하겠네. 호호."

엄마의 말이 머릿속을 맴돌았다. 보통사람들과는 다른 방식으로, 그분들의 둘째딸은 조금은 급작스럽게 결혼을 추진했고, 아예 한국 땅을 벗어나 여행자의 삶을 살고 있다. 딸의 욕심 때문에 아빠와 엄마는 어쩌면 마음의 준비도 충분히 하지 못한 채, 딸을 독립시키고 품 밖으로 보내야 했을지도 모른다. 물론 딸이 걱정할까봐 겉으로는 내색하지 않으시지만, 밤낮으로 걱정하실 아빠 엄마를 생각하니 '내가 너무 욕심을 부렸나'라는 생각이 들기도 했다. 기왕에 욕심을 부리게 되었으니 한 가지 욕심을 또 부려보고 싶다. 비록 지금은 기약도 없이 떠나있지만, 다시 한국에 돌아갔을 때 아빠와 엄마가 너무 많이 늙어계시지는 않았으면 하고.

북한에서 온 건 아니지?

(Day 139 / 29.92km, Pierce Pond Lean-to-Blad Mountain Brook Lean-to / Total 3,285.28km)

4개월이 넘는 동안 이 길을 열심히, 꾸준히 걷고 있는 우리의 노고를 알아주는 걸까. 처음 AT를 시작할 때부터 하루가 멀다 하고 내리던 비가 사라졌다. 며칠 동안 이어진 화창한 날씨 덕분에 상쾌한 마음으로 하루를 시작하고 마무리할 수 있었다. 어느덧 2,000마일 (3,200km)을 넘었고, 이 길의 끝까지 물리적인 거리가 확 줄어든 느낌이다. 물론 아직 가야 할 길이 300km가량 남았지만, 처음 이 길에 섰을 때의 물리적인 부담감에 비하면 십분 나아진 느낌이었다. 생각해보면 사실 나의 경우 이 길을 걸으면서 전체 길이 3,500km에 대한 부담은 생각보다 없었다. 나의 신체적인 능력을 자부해서가 아니라, 내가 걸어야 할 30-40km가 하루의 목표였을 뿐, 3,500km에 대해서는 큰 목표의식을 가지지도, 그 길을 완주해내고 말겠다는 투지 같은 것도 없었기 때문이다. 그리고 이는 AT 여정에서 지루함을 느끼기보다는 매일 매일을 새로운 마음으로 임하게 만들어주는 계기가 되었다. 어쩌면 이 역시 하루하루가 행복하면 삶 전반이 행복할 것이라는 나의 가치관에서부터 비롯된 것일 수도 있다.

며칠 간 트레일에서 페리(ferry)에 대한 안내문을 볼 수 있었다. 보

통 강을 건널 때는 돌다리나 큰 나무로 놓여있는 다리를 이용해 건너거나 직접 물속을 걸어 건너는 경우가 있는데, 케네벡 강(Kennebec River)은 신기하게도 페리를 타고 건너야 한다. 트레일을 걸으면서 자연의 훼손을 최소화하기 위한 노력들을 곳곳에서 볼 수 있는데, 이 역시 그러한 노력 중 하나라고 한다. 이름만 '페리'일 뿐 무동력으로 사람이 손수 노를 저어 건너는 방식이었다. 페리 서비스는 오전 9시부터 오후 2시까지 무료로 이용할 수 있는데, 우리가 너무 일찍 움직였는지, 강변에 도착했을 땐 8시도 채 되지 않았다.

우리처럼 첫 배를 타기 위해 일찌감치 강변에 도착한 할아버지 하이커 세 분과 함께 배를 기다렸다. 그 중 한 할아버지는 한국과 서울을 기억하고 계셨다. 군인이셨던 할아버지는 60년대 한국에서 근무하셨다며 용산과 이태원, 북한산 등을 기억하고 계셨다. 하이킹을 하면서 퇴역 군인들을 종종 만나는데, 그 중에서도 한국에서 근무했던 경험을 가진 사람들을 많이 만난다. 정확하게 군대 경험이 있는 하이커들 중 몇 퍼센트가 한국 근무 경험이 있는지 알 수는 없지만, 신기하리만큼 자주 만나게 되는 것이 놀랍다.

세계 여러 나라들을 여행하면서 깨닫고 배우게 되는 것들은 참 다양하다. 사람마다 다를 수 있겠지만 나의 경우 한국에서는 잘 생각하지 못했지만 여행을 하면서 많이 와 닿게 되는 것이 있다. 바로 우리나라가 분단국가이고 휴전 중인 나라라는 사실이다. 미국의 장거리 트레일을 걸으면서 미국에 머무르는 상황에서 미국이 북한을 예의주

시하는 사건들이 요 근래 벌어지고 있다. 그렇다보니 우리가 만나는 많은 외국인들, 특히 미국인들의 경우는

"우린 한국에서 왔어."

라고 하면 이렇게 되묻는 경우가 많다.

"북한 때문에 위험하지 않아?"

"그쪽 지도자에 대해 어떻게 생각해?"

"남북관계에 대해 어떻게 생각해?"

어느 날 가게에서 장을 보고 난 뒤 가게 점원과 이야기가 길어졌다. 아마 조그만 시골마을에서 아시아인이 장거리하이커의 행색을 하고 있으니 신기했던 것 같다. 통성명을 하며 한국에서 왔다고 하니 이렇게 물었다.

"북한에서 온 건 아니지?"

그 후 바로 "농담이야."라며 웃었지만 그 말이 계속 마음속에 맴돌았다. 물론 지극히 개인적인 생각이겠지만, 우리나라를 바라보는 시선이 겨우 이것뿐인가라는 생각도 들었다. 또한 우리나라가 단지 Korea가 아니라 South Korea, North Korea로 나뉘어져 있다는 것을 마치 처음 알게 된 사실인 것처럼 여겨졌다. 그리고는 다소 어이없는 그의 이야기에 "당연히 남한에서 왔지."라고 너스레를 떨며 북한을 조금은 저평가하는 듯한 나의 말투에 스스로가 원망스럽기도 했다.

또한 북한과 관련된 무슨 일이 있으면 미국 뉴스방송에서는 계속해서 실시간 특보를 방송하고 난리를 피우는데 왠지 우리나라는 아무

렇지 않아 하는 것도 무척이나 신기하다. 심지어 미국친구들이 "너네 나라 괜찮아?" 하고 물어보는데 한국에 있는 친구, 지인들의 이야기를 들으면 너무나 평안해 보이니 이 또한 아이러니다.

유년시절을 생각해보면 TV나 신문에서 보도되는 기사를 보고 부모님과 함께 슈퍼에 가서 쌀이나 라면, 부탄가스를 사재기했던 기억이 떠오른다. 이제는 위협의 양상이 그런 사재기가 불필요한 방향으로 진행되다보니 우리나라 사람들이 그러한 움직임이 없는 것일 수도 있지만 전반적으로 그에 대한 인식이 무뎌진 것은 아닐까 싶다. 나 역시 한국에 있을 때는 별다른 불안감을 느끼기보다는 '아, 그랬나 보네'라는 생각이 들 때가 더 많았으니 말이다. 이러다보니 한국에 있을 때보다 외국에서 여행을 하고 외국인 친구들을 만나면서 우리나라가 아직까지 분단국가라는 것을 새삼 실감하게 되고 애석하게 느껴졌다. 하루빨리 우리나라의 상황이 안정되길, 애석하고도 슬픈 일이 더 이상 우리나라에 일어나지 않길 바란다.

(AT를 걸었던 2017년만 해도 남북관계는 심각한 냉각상태에 있었다. 미국에서도 예의주시할 만한 사건들도 발생되었다. 글을 쓰고 있는 2018년 지금은 그 분위기가 확연히 달라졌다. 외국친구들은 여전히 비슷한 질문을 하지만 말이다. 우리나라의 평화를 기원해본다.)

검은 머리 파뿌리 되도록

(Day 142 / 26.56km, Vaughn Stream-Pleasant River / Total 3,368.96km)

드디어 몬슨(Monson, Maine)에 도착했다. 3,500km의 AT를 걷는 코스에서 북쪽을 향해 걷는 하이커들의 마지막 마을이자, 남쪽을 향해 걷는 하이커들의 첫 번째 마을인 몬슨에 도착한 것이다. 이 길의 끝에 다다르고 있다는 생각이 드니 감회가 새로웠다.

일단 숙소를 잡은 뒤 그의 손을 잡고 마을을 한 바퀴 돌았다. 크지 않은 규모의 마을이라 훌쩍 돌고 숙소로 다시 돌아왔지만, 이 마을의 곳곳을 기억하고 싶은 마음이 들었다. 모든 것이 마지막이 되어가고 있었다. 트레일에서 벗어나 마을에 들어오는 것도, 숙소를 잡고 냄새나는 옷을 벗어던지고 샤워와 빨래를 하는 것도, 마을에 도착하자마자 가장 맛있는 메뉴로 무엇을 먹을지 고민하는 것도, 다음 트레일 복귀를 위해 또 다시 며칠치의 식량을 구매하는 것도 이제 AT에서는 마지막인 셈이다. 물론 AT를 마치고 나서 여행을 계속할 예정인 우리에게는 이러한 일정들이 계속 반복될 테지만 말이다.

AT가 끝나는 것은 언제 끝날지 모르는 신혼여행의 또 하나의 챕터가 끝나는 것이기도 하다. 그렇다면 이제 다음 신혼여행 일정을 어디로 향할지 계획을 세워야 한다. 2018 평창 동계올림픽의 성화 봉송을

위해 우선 한국에 갈 예정이지만, 그 이후의 여정들도 정해야 한다. 오랜만에 한국에 간 만큼 한국의 곳곳을 여행해보고 싶다. 매번 외국인 친구들에게 자랑하는 제주도에 가고 싶다. 또한 자전거로 여행하던 남미, 동남아시아, 여러 나라 등 다양한 여행지들이 머리에 떠올랐다. 한정된 시간과 재정상황 속에서 우리의 관심이 가는 지역은 끝없었다. 새로운 세상에 대한 호기심이 넘치는 나에게 세계는 아직 넓고도 넓었다.

　행복한 고민이었다. 하지만 이런 행복한 고민은 이내 현실적인 문제로 나의 생각을 이끌어갔다. 생각거리가 생기면 꼬리에 꼬리를 물고 생각하는 나로서는 괜한 걱정의 늪에 빠질 뻔했다. 하지만 예전의 나와 무언가 다른 것이 느껴졌다. 삶에서 어려움이 있어도 이제는 짐을 같이 짊어질 사람, 동반자가 있다는 생각에 안도감이 들었기 때문이다. 내가 힘들어하면 위로해 줄 이가 있어 다행이라는 생각이 들었다. 또 내가 열과 성을 다해 위로해줘야 하는 이가 있다는 생각에 너무 깊은 생각의 늪에 빠지면 안 되겠다는 생각도 들었다.

"검은 머리 파뿌리 되도록."

결혼식 주례에서 자주 등장했던 문구이다. 남녀가 부부의 연을 맺어 한 가정을 이루는 데 검은색 머리가 파뿌리처럼 하얗게 다 되도록 오래 살아 늙을 때까지 서로 함께하라는 축복의 말이다. 진부하게 느껴지던 그 말이 문득 가슴에 와 닿는 요즘이다. 이는 단지 부부 두 사람이 오래도록 함께 살라는 의미만 아니라 함께 동고동락하며 타인의 기쁨을 더욱 기뻐해주고 슬픔을 나눠 지라는 의미일 것이다. 검은 머리가 파뿌리 되도록 서로를 아끼고 위하면서.

나는 결혼한 지 겨우 2년밖에 안된 신혼이다. 허나 생각해보면 그와 거의 1년 365일, 24시간을 붙어서 지냈다. 게다가 2년가량의 신혼여행으로 세계여행을 하면서 우리는 참으로 다양한 일들을 겪었다. 또한 트레일을 걸으면서 자연의 한복판에서 생활하며 서로의 진짜 모습을 더 가까이 보게 되었다. 많은 시간을 함께 울고 웃었다. 그것은 '검은 머리 파뿌리 되도록'이라는 말의 진정한 의미를 체감한 시간이었다.

이제 나에겐 검은 머리가 파뿌리 되도록 함께 위로해주고 토닥여줄 이가 있으므로 현실적인 문제보다는 조금 더 이상적인 삶을 꿈꿔도 괜찮겠다.

한 남자와 한 여자가 검은 머리 파뿌리
되도록 살고 나면 거기 비로소 고요하고
아름다운 도통의 경지가 있을 것 같았다.

— 박완서 『살아있는 날의 시작』

(Day 145 / 41.6km, Antlers Campsite-Bushcamp / Total 3,462.4km)

AT의 마지막 마을이라 할 수 있는 몬슨에서 벗어나 다시 트레일로 복귀하는 날이 되었다. 몬슨부터 벡스터 스테이트 파크(Baxter State Park)의 아볼 브릿지(Abol Bridge)까지는 100마일 윌더니스(100miles Wilderness)라는 구간으로 그 이름 그대로 자연 그대로 보존되고 있는 곳이다. 물론 이곳에도 종종 인간에 의해 정비된 듯한 길들이 있기는 하지만 대부분이 비포장도로이고, 100마일(160km)을 걷는 동안 별도의 마을로 빠지는 길도 없다. 100마일 윌더니스가 시작되는 트레일헤드에서는 'AT 전체 구간 중 제일 긴 황무지 구간이니 최소한 10일 이상의 식량과 장비를 챙겨야 한다'는 주의 문구가 있을 정도였다.

우리는 하루에 최소 30km 이상씩은 걷자는 계획으로 식량을 챙겨 마을을 떠나 트레일로 복귀했다. 트레일에 들어서니 정말 마지막이구나 싶다. 지금까지의 길들이 순탄하지만은 않았지만, 그 기나긴 길의 마지막 구간에 섰다는 것에 만감이 교차했다.

우리는 CDT와 AT를 걸으며 보통 160km마다 한 번씩 보급을 할 만큼의 식량을 가지고 걸었고 하루에 걷는 거리도 적지 않았다. 그렇기 때문에 식량이 가득 담긴 배낭의 무게도, 하루에 걸어야 하는 거리도

감당할 만했고, 100마일 윌더니스 구간이 크게 겁나지 않았다. 하지만 그간 3,300km 가량을 걸어오면서 누적된 피로는 이겨내기 어려운 것이었다. 게다가 100마일 윌더니스 역시 오르막과 내리막이 쉼 없이 반복되었다. 하루에 2,000m가량을 오르내리며 30km가 넘게 걷는 일을 반복하다보니 트레일로 복귀한 날들이 지날수록 몸에서는 피곤하다는 사인을 보내왔고, 아침에 일어나는 것이 힘겨웠다. 울창하게 자란 나무들과 크고 작은 호수들이 만들어내는 100마일 윌더니스의 아름다운 풍경을 보며 위안을 삼았지만 몸에서 느껴지는 피로는 어쩔 수 없었다.

APPALACHIAN TRAIL
KATAHDIN STREAM CAMPGROUND-1079FT.

KATAHDIN STREAM FALLS	1.2 →
THE GATEWAY	3.7 →
THOREAU SPRING	4.2 →
BAXTER PEAK-5267FT.	5.2 →
CHIMNEY POND VIA SADDLE TR.	6.8 →
ROARING BROOK VIA SADDLE TR	10.1 →
← DAICEY POND	2.4
← WEST BRANCH OF PENOBSCOT	
AT ABOL BRIDGE	9.9
← MAINE-N.H. STATE LINE	276.2
← SPRINGER M T-3782 -GEORGIA	2155.0

MAINE APPALACHIAN TRAIL CLUB

세상에 쉬운 길이 어디 있을까만, 이 길고 긴 길의 끝자락에 섰음에도 불구하고 쉽게 느껴지거나 익숙해지지 않는다. 굽이굽이 에둘러 오르막을 올라가는 스위치백이라고는 찾아보기 힘들고 무조건 직진인 길, 1km만 더 가면 되는데 그 1km가 도무지 줄어들지 않는 길, 먹어도 먹어도 배고픈데 마을까지 가려면 아직 멀었기 때문에 식량을 조절해서 먹어야 하는 길이 이어지고 있었다. AT 길 위에서 140여일이 지났지만 1일차나 지금이나 느끼는 감정은 별반 다르지 않다. 여전히 이 길은 어렵고 속도는 더디며 녹록치 않다. 오히려 마지막이어서 발걸음이 더 무거운지도 모른다.

이것은 AT에서만의 일은 아닐 것이다. 누군가에게는 짧다면 짧겠지만 서른 해의 인생을 돌이켜보면 삶 역시 조금도 쉬워지지 않았다. 어른이 되면 모든 것을 능히 감당할 수 있는 슈퍼 히어로같은 존재가 될 것 같았다. 영화 「스타워즈」의 요다처럼 엄청 많은 나이가 되지 않아도, 세상 이치의 상당 부분을 깨달을 것이라 생각했다. 내가 기억하는 많은 어른들의 모습이 그랬기 때문일지도 모르겠다. 하지만 막상 어른이 되고 한 해 한 해 나이가 들어가도 여전히 세상에는 모르겠는 일투성이었다. 하나를 해결했다고 생각하기가 무섭게 또 다른 문제가 다가와 여전히 어렵고 힘든 삶이다. 그러다보니 오히려 지금보다는 대학생 때가, 그보다는 중고등학생 때가, 그보다는 유치원 때가 행복했던 것 같다.

하지만 곰곰이 생각해보면 그조차도 아니다. 그 당시에는 나름의 어려움이 제일 큰 문제로 여겨져 '왜 나에게 이러한 시련이!' 하며 가슴을 치기도 했다. 세상이 끝난 것처럼 깊은 고뇌에 빠지기도 하고, 때로는 펑펑 울기도 했다. 우리는 자라면서 가정, 사회 등에서 새로운 역할을 부여받아 점점 삶의 무게가 더해진다. 따라서 어려움이 커지는 것은 당연한 일이다. 게다가 이전에는 이해하지 못하고 고려하지 못했던 새로운 시선까지 가지게 되니 삶은 더 어려워지고 복잡해질 수밖에 없다. 하지만 AT 3,500km를 걸으며 모든 조건이 만족스러운 상황에서 행복한 삶이 비롯되는 것이 아니라는 것을 경험한 것처럼, 어렵고 복잡한 삶일수록 행복의 요소들을 더욱 간절히 찾고 희망하게 된다는 것을 깨닫게 되었다.

100마일 월더니스에서의 마지막 텐트를 설치하고 텐트에 몸을 뉘었다. 이제 내일이면 100마일 월더니스도 끝이고 AT 전체 여정도 40km가 채 남지 않았다. 마지막 장소인 마운트 카타딘(Mount Kathadin)에서 어떤 포즈로 사진을 찍지, 그 순간을 뭐라고 기록하고 기억하지, 마지막 순간에는 눈물이 나려나 등등 여러 생각이 든 것도 잠시, 100마일 월더니스 구간이 끝나는 아볼 브릿지(Abol Bridge)에 얼른 도착해서 맛있는 음식이나 아이스크림을 먹으면 좋겠다는 생각을 하며 잠에 들었다.

행복해지는 법을
아무도
가르쳐주지 않아서

(Day 147 / 16.64km, The Birches Lean-tos&campsite-Mt. Kathdin / Total 3,503.68km)

이제 AT의 끝지점이 얼마 남지 않았다. AT를 마무리 짓는 여정은 몇 가지로 추릴 수 있다.

1. 아볼 캠프그라운드(Abol Campground)에서 1박. 다음날 24km 걸어 벡스터피크 도착 후 8km 하산으로 총 32km 하이킹.

2. 버치스 린 투&캠프그라운드(The Bbirches Lean- to&Campground)에서 1박. 다음날 8km 걸어 벡스터피크 도착 후 8km 하산으로 총 16km 하이킹.

우리보다 AT를 먼저 끝낸 쉐퍼드의 경우 첫 번째 방법을 택하여 마지막 날에 32km 하이킹을 했다고 했다. 우리도 그 방법을 이용할까 했지만 지도를 보니 조금은 자신이 없었다. 마지막 8km 동안 1,200m 가량의 고도를 올려야 하는데, 그 길이 꽤나 험준하다고 들었기 때문이다. 게다가 AT를 마치고 마을로 가기 위한 셔틀버스를 타기 위해서는 늦어도 4시까지 32km를 걸어야 하는데, 위험부담이 크게 느껴졌다. 그래서 결국 우리는 두 번째 방법을 택했다.

버치스 린 투&캠프그라운드는 벡스터 스테이트 파크 내에 있는 AT 장거리하이커들만 이용할 수 있는 쉘터와 같은 공간이었다. 제법 많

은 하이커들이 있지 않을까 했는데, 우리를 포함한 대여섯 명의 하이커들만 같이 밤을 보냈다. 지난 번 트레일데이즈때 만나고 오랜만에 아볼브릿지 식당에서 다시 만난 하이커친구들은 어딜 갔는지 보이질 않는다.

오늘 밤이 지나면 정말 끝이다. 별다른 걱정거리 없이 터벅터벅 AT의 숲길을 걷는 것도, 스위치백 따위는 없이 눈앞에 곧게 펼쳐져있는 오르막을 오를 일도 당분간은 없겠구나. AT에서 텐트를 칠 일도, 물을 떠서 정수를 하고 저녁식사를 위해 물을 끓일 일도, 하루를 마무리하는 일기를 쓸 일도 없다. 만약 내 삶에서 내일이 마지막 날이란 것을 알고 있다면 이런 비슷한 생각이 들지 않을까 하는 묘한 감정에 휩싸였다. 마지막 순간을 아쉬워하는 마음을 달래주려는 걸까. 텐트 위로 빗방울 떨어지는 소리가 들렸다. AT를 시작한 날에도 비가 왔는데, 마지막 밤에도 비가 쏟아지다니. 하늘이 조금은 야속하게 느껴졌다.

AT 여정의 마지막 날 해가 밝았다. 전날 저녁에 내리던 비는 다행히 멈췄고, 비교적 맑은 하늘이 보였다. 16km만 걸으면 되는 여정이지만 마을로 가는 시간을 고려하여 우리는 일찍부터 움직이기 시작했다. 처음 3km정도는 이전 길들과 크게 다르지 않게 편안한 마음으로 오를 수 있었다. 그러다 언젠가부터 점차 우리 눈앞의 바위가 커지기 시작했고, 가파른 경사가 나타났다. 점점 숨소리는 거칠어졌고, 두 손에 간단히 스틱을 쥐고 오르기보다는 두 팔로 양쪽의 바위들을 누르면서 올라가야 하는 경우도 잦아졌다. 직벽과 같은 거대한 바위에 매달리다시피 올라가야 하는 구간에서는 정말 짜릿했다. 게다가 발밑으로는 천 길 낭떠러지와 같은 길이 펼쳐져있으니 더 아찔했다. 어떤 구간에서는 바위에 매달리기도 하고, 다른 하이커에게 도움을 받기도 하면서 계속 높은 곳으로 올라갔다. 끝까지 만만치 않은 AT였다. 미국의 3대 장거리트레일을 모두 걸은 사람은 아니지만, 세 곳의 최북단지점을 모두 가본 사람으로서 AT의 최북단인 마운트 카타딘이 제일 난이도가 높았다. 게다가 지금까지 걸어왔던 AT 중에 이 구간을 가장 힘든 구간으로 손꼽을 수 있을 것 같다.

한국에서도 자주 산을 다녔고, 지난 5개월을 산을 매일 오르고 산에서 생활했지만, 산에 대한 두려움은 여전히 문득문득 나를 찾아온다. 예전에는 '겁 없이' 다니기도 했는데 산에 대해 알면 알수록, 경험하면 경험할수록, 겁도 많아지는 것 같다. 산에 다녀오겠다고 하면 "자연 앞에서 자만하지 말아라" 하시던 아빠의 조언이 귓가에 생생하게 들리는 때도 있었다. 어쩌면 자연, 그 중에서도 산이 가진 위험한 모습들을 직접 보고 경험했기 때문일지도 모르겠다. 다행히도 그러한 두려움이 항상 있는 것은 아니다. 또한 무엇보다 여전히 산에 가는 재미가 크기 때문에 두려움에도 불구하고 다시금 산을 찾게 된다.

마운트 카타딘 정상을 향한 가장 험준한 구간이 끝나고 책상처럼 평평한 테이블랜드(The Tableland)에 도달했다. 이름 한번 기가 막히게 잘 지었다고 느낄 만큼 평평한 테이블랜드 이후에는 조금 길이 편해졌다. 동시에 우리가 하늘에 바로 맞닿아있는 듯, 하늘 바로 밑에

산이 있는 듯이 여겨졌다. 그렇게 조금씩 올라 마침내 AT의 끝지점, 마운트 카타딘에 닿았다. 매번 사진으로 보았던, 언제쯤 이곳에 설수 있을까 했던 마운트 카타딘의 정상 표식이 눈에 보이기 시작했다.

3,500km의 끝지점에 서게 되면 무슨 생각이 들까 늘 궁금했다. CDT를 걷기는 했지만 절반가량만 걸었고 처음부터 끝까지 트레일을 완주한 것은 AT가 처음이기 때문에, 이 길의 끝에서 과연 눈물이 날까 어떨까 궁금했다. 도착지점에 서서 내가 처음으로 무슨 말을 할까 궁금했다. 머릿속으로만 상상하던 그 순간에 마침내 서게 되었다. 하지만 그 무엇도 필요 없었다. 대신 이제 더 이상 걸어야 할 AT가 없다는 표식, 즉 AT의 종착점을 알리는 표식 앞에서 우리는 말없이 서로를 부둥켜안았다. 그것으로 충분했다.

연애와 관련된 주제의 TV 프로그램을 본 적이 있다. 남녀관계에 관련된 고민 상담을 해주는 프로그램인데, 출연자 중 한 명이 이런 말을 했다.

"열렬히 사랑한 관계라면 오히려 쿨하게 그 또는 그녀를 보내줄 수있어요. 물론 사랑이 깨진 것 자체는 힘들겠지만, 더 잘해줄 걸, 더 좋은 곳에 데려가줄 걸, 같이 이런 걸 할 걸 저런 걸 할 걸 하며 아쉬워할 것도, 미련이 남을 것도 없는 거죠."

이상하게 마운트 카타딘, AT의 끝지점에서 스스로를 남녀관계 전문가로 자칭한 그가 한 말이 내 머릿속에 떠올랐다. 147일이라는 결코 짧지 않은 기간 동안 나는 AT를 열렬히 사랑했다. 비가 오든 바람이 불든 날이 덥든, 평범한 날이든 군세게 AT를 바라보았다. AT와 함께 뜨거운 여름을 치열하게 보냈으며, 함께 울고 웃었다. 그렇기에 이제는 AT와의 추억만을 잘 간직한 채, 미련 없이 떠나보낼 수 있을 것 같았다. 마운틴 카타딘을 다시 내려오는 발걸음이 한결 가벼워졌다. 이제는 우리가 헤어져야 할 시간이다.

END가 아닌 AND

(Day 147 + after)

마운트 카타딘에서 내려와 가장 가까운 마을인 밀리노켓(Millinocket, Maine)으로 왔다. 조금은 오래된 듯한 피자가게에 앉아 피자와 맥주를 먹으며 우리끼리 단출한 축하파티를 했다. 뜨끈한 물에 샤워를 한 뒤 침대 속으로 쏙 들어가니 그제야 AT가 끝났음이 실감났다. 머릿속에는 지난 147일간의 일들이 파노라마처럼 스쳐지나갔다.

AT를 시작하기 위해 애틀랜타공항에 도착하던 날, 처음으로 AT를 시작하던 날이 떠올랐다. 그리고 이상하게도 힘들었던 기억이 먼저 떠올랐다. 걷는 동안 우리의 머리 위로 숱하게 떨어진 빗줄기들, 그 때문에 2-3일에 한번씩 젖은 옷과 텐트, 침낭 등을 햇볕에 널어 말렸던 순간들이 스쳐지나갔다. 끝없이 오르막과 내리막을 걸어야 했던 순간들, 먹어도 먹어도 허한 하이커헝거는 물론, 심적인 배고픔을 경험했던 순간들이 떠올랐다. 몸에서 느끼는 힘든 것보다 마음의 힘듦은 나의 발걸음 하나하나를 더 무겁게 만들었고 더디게 만들었다.

하지만 나는 이 길에서 참 많이 웃었다. 하늘을 향해 높게 자라있는 나무들을 바라보고 다양한 동식물들을 보며 신기해하던 순간이 생각났다. 산 정상에 올라가 탁 트인 풍경을 내려다보고 바람을 맞으며 사색에 잠겼던 순간도 있었다. 매번 기념할 만한 순간에 베일을 꺼내 머리에 쓴 채 그와 함께 사진 찍던 순간이 생각났다. 길 위에서 만났던 수많은 하이커친구들과 트레일엔젤들의 모습이 생각났다. 트레일매직으로 음료수 하나만 받아도 그렇게 기뻐하고 둘이서 오손도손 밥을 해먹으며 행복해하던 순간도 떠올랐다. 길에서 좋았던 기억들이 떠오르면서, 힘들었던 기억들조차 의미 있고 나를 웃음 짓게 만드는 기억들로 바뀌어갔다.

AT의 마지막 날 밤은 그간 147일 동안의 일들을 생각하다가 스르륵 잠들어 버렸다. 꿈도 꾸지 않은 채 깊은 잠을 자고 난 다음날 아침, 모든 것이 달라져 있었다. 마을로 내려와 침대에서 자고 일어나도 '이제 또 며칠 뒤에야 침대에서 잠을 잘 수 있겠구나' 하고 아쉬워하지 않아도 되고, 매번 트레일로 복귀하기 전처럼 '하루 더 쉬었다 갈까?'를 고민하지 않아도 되었다. 다시 트레일로 복귀하기 위해 짐을 챙기지 않아도 되는 아침이었다. 그 생각에 이불 속에 몸을 말고 오랫동안 침대에서 뒹굴거렸다.

3,500km의 AT 여정은 끝났지만, 아직 우리의 AT 여정은 끝나지 않았다. 미국 동부에 위치한 AT의 매력으로는 미국 동부 도시들을 여행할 수 있다는 것을 꼽을 수 있다. 역사와 전통을 가진 학문의 도시 보스턴, 미국 정치를 대표하는 워싱턴 DC, 그리고 화려한 미국을 상징하는 뉴욕 등 미국 동부를 대표하는 도시들이 AT에서 가까운 거리에

행복해지는 법을
아무도
가르쳐주지 않아서

있다. 어떤 하이커들의 경우 AT를 걷는 동안, 잠시 도시로의 여행을 다녀오기도 했다. 하지만 우리는 일단 AT를 걷는 것에 집중하기로 했었다. 이제 AT가 끝났으니 미국 동부를 여행할 차례였다.

우리는 제일 먼저 보스턴으로 향했다. 메인의 밀리노켓에서 출발하여 메사추세츠의 보스턴까지는 지도로 봐도 꽤나 먼 거리였다. 호스텔에서 제공하는 셔틀버스를 타고 그나마 메인에서 제법 큰 도시인 뱅고어(Bangor, Maine)로 향했다. 그리고 그곳에서도 또 다시 보스턴까지 버스로 4-5시간을 달려갔다. 우리가 몇 개월에 걸쳐서 걸어왔던 그 길을 버스로 순식간에 달려 내려가니 다소 허무한 마음도 들었다. 오랜만에 보스턴 시내의 고층빌딩과 눈앞에서 끝없이 지나쳐가는 사람들을 보니 눈이 아플 정도였다. 이내 큰 도시에 피로감을 느끼고 얼른 숙소로 돌아와 휴식을 취해야 했다. 서울 한복판에서 몇 년을 살았는데 고작 5개월 산속에서 생활했다고 해서 도심이 어색해지다니. 이런 내가 마치 도시에 올라온 '시골쥐'처럼 여겨졌다.

보스턴에서의 여행과 휴식을 잘 마친 뒤, 우리는 뉴욕으로 향했다. 그와 나는 각각 뉴욕을 여행한 적은 있었지만, 같이 온 것은 처음이었다. 게다가 추석연휴를 맞아 우리 부부와 떼려야 뗄 수 없는 창빈오빠 부부와 뉴욕에서 만나기로 해서 더욱 설렜다. 우리 넷은 오랜만에 만나 함께 뉴욕거리를 활보하고 다니며 그간의 회포를 풀었다. 한국에서 직장생활을 하고 있는 그들의 이야기를 들으며 우리 또래가 경험하는 한국사회를 간접적으로 나마 다시금 경험했다. 또한 우리와 다르게 좀 더 현실적인 목표를 그려가고 있는 그들의 모습을 통해 우리의 삶을 되돌아보고 조금이나마 미래를 고려하는 삶을 살아야 함을 느끼기도 했다. 그리고 우리보다 다소 치열하게 현재를 살아가고 있는 그들과 삶에 대한 이야기를 나누며 서로에게 조금이나마 긍정적인 영향을 끼쳤길 바랐다. 그리고 워싱턴 DC에서의 여행을 마지막으로 우리는 한국행 비행기에 몸을 실었다.

　이로써 정말 AT가 끝났다. 하지만 나의 삶은 이제부터 다시 시작이다. AT에서의 웃고 울었던 경험을 자양분 삼아 또 어딘가를 걷고 여행할 것이다. 비단 여행만이 정답은 아니기에, 어디선가 보통사람들이 살아가는 듯이 일상을 살 수도 있지만, 그 역시 여행하는 마음으로 하루하루를 충실히 살아갈 것이다. 3,500km의 여정을 통해 삶에서 중요한 질문들에 대한 답을 찾았다. 막연히 행복을 동경하는 삶이 아니라, 스스로가 행복해질 수 있는 방법을 찾았고 계속 그 방향을 향해 내 삶을 이끌어갈 것이다. 누군가에 의한 행복이 아니라 스스로가 주체가 되어 삶을 꾸려나가는 경험을 할 수 있었다. 서른 살까지의 나의 모습은 연극에서 제1막과 같은 것이 아닐까. 결혼을 하고 난이후의 삶, 그리고 3,500km의 AT 여정을 통해 좀 더 다듬어진 모습으로 이제 또다시 나의 삶을 이어갈 것이다. 혼자가 아닌 나의 영원한 반려자이자 영원한 친구, 그대와 함께.

행복해지는 법을
아무도
가르쳐주지 않아서

길이 나에게 준 선물, 소확행

이 길을 마치고 났을 때 나는 과연 무슨 말을 할 수 있을까 궁금했다. 그리고 이 길의 끝에서 "이 길을 걷길 참 잘했다"라고 이야기하는 스스로를 발견할 수 있었다. 그리고 무엇보다 이 길을 나 혼자가 아닌, 3,500km를 같이 걸은 하이킹친구이자 내 인생의 반려자인 그와 함께 걸어서 정말 다행이라고 말할 수 있다.

여느 장거리트레일이 모두 그렇겠지만, 이 길을 모두 걸었다 해서 크게 달라진 것은 없다. 심지어 PCT, CDT, 그리고 AT까지 미국의 3대 장거리트레일을 모두 마친 뒤 '트리플크라운'이라는 타이틀을 갖게 된 그조차도 그 어떤 드라마틱한 변화가 없었으니 나에게는 더더욱 그러하다. 사람들은 우리의 이야기를 듣고 "대단하다"라고 이야기해주지만, 보다 정확히 말하자면 그 누가 알아주는 것도 아니다. 엄청난 수행과 고행을 통해 삶의 이치를 깨닫던 선인들의 경험과는 거리가 먼 나는 여전히 욕심 많고 때로는 옹졸하며 일희일비한다.

하지만 난 이 길을 통해 '소확행'을 몸소 경험했다. 3,500km의 기나긴 길을 걷는 것은 분명 힘들고 지치는 일이다. 먹는 것도 제한되어 있고, 잠자리도 불편하며 모든 생활이 자연에 맞닿아있다. 산길을 힘들게 오르내리고 배고픔에 굶주려하다가도 시원한 음료수 한 잔, 작은 햄버거 하나, 허름한 숙소에서의 잠은 정말 행복했다. 거기에 샤워까지 할 수 있다면 세상 부러울 것이 없었다. 아주 약한 휴대폰 신호여도 가족, 친구들과 연락할 수 있는 것이 행복했다. 또한 스타벅스가 있는 마을에 가게 되면 마치 어렸을 때 오랜만에 가족 간의 외식을 하던 날처럼 신이 났다. 한국에서는 매일 가던 스타벅스이고 미국 곳곳에서 스타벅스를 만날 수 있지만, AT에 인접해있는 작은 마을 위주로 다니는 탓에 스타벅스가 있는 마을이 무척 드물었기 때문이다. 아마 장거리트레일을 하지 않았다면, 일상으로 여기던 일들이 삶에서 얼마나 큰 의미를 지니는지 뒤늦게 깨달았을 것이다.

또한 삶에 임하는 자세를 더욱 진지하게 만들어 주었다. 그리고 무엇보다 나 자신에 대해 많은 질문을 하고 그에 대한 답을 찾아가는 시간이 되었다. 내가 어떤 것을 특히 더 좋아하는지, 어떤 삶을 살고 싶은지를 깨닫게 되었다. 나는 중고등학교 때부터 '본분에 맞는 역할을 다하는 것이 중요하다'고 생각했다. 학생은 공부하는 것이 제일 중요한 본분이라 생각하여 공부를 열심히 했고, 사회에서는 일 잘하는 직장인이 되기 위해 노력했다. 그 결과, 어느 정도 인정을 받았지만, 늘 '보다 나은 삶'에 대한 갈망이 있었다. AT를 걸으며 나의 갈망을 돌이켜보니, '보다 나은 삶'이 과연 구체적으로 어떤 것인지조차 애매모호했다. 이는 마치 대학교 신입생 때 제출한 나의 영어작문 과제에 대한 교수의 평과 같았다.

하지만 이제는 말할 수 있다. 나는 내가 어떤 사람인지, 어떤 것을 좋아하고 어떤 것을 덜 선호하는지 알게 되었다. 또한 내가 어떤 삶을 보다 나은 삶, 또는 행복한 삶이라고 느낄 수 있는지 예전보다 분명하게 알게 되었다. 이전에 가지고 있었던 '보다 나은 삶'이 타인의 시선에 근거한 기준이라면, 이제는 나의 주관에 의한 '보다 나은 삶'에 대한 기준을 가지게 되었다. AT를 걸으면서 겪은 다양한 생각과 경험은 내 자신과 직면하게 해주었다. 그리고 이는 내가 주도하는 삶을 살기 위한 준비과정처럼 여겨졌다. 내가 3,500km의 AT를 모두 걸었기 때문에 대단한 삶을 살고 있는 것이 아니라, 내가 원하는 삶이 어떤 방향인지 알았기 때문에, 어느 순간에 행복하다고 느낄 수 있는지 알았기 때문에, 나는 AT 위에서의 순간순간을 칭찬하고 싶다.

이와 더불어 누군가에게 사랑받는 것이 얼마나 사람을 위대하게 만드는지 이 길에서 깨달았다. AT에서 나의 뒤에는 언제나 그가 있었다. 멋진 풍경을 만나면 그 풍경을 공유하며 그곳을 더 곱씹을 수 있었고, 라면, 건조쌀에 참치캔 등 매번 비슷하고 단조로운 식사도 함께 함으로써 맛있게 할 수 있었다. 동시에 힘들거나 지치는 순간이 오면 서로를 다독일 수 있었고, 뱀이나 곰을 만나는 순간에도 용감할 수 있었다. 물론 이 긴 길을 나 혼자 도전했다 해도 끝까지 걸어냈을 테지만, 같이 걸었던 것만큼 즐겁지도 힘든 순간을 잘 이겨내지도 못했을 것이다. 우리 두 사람이 서로 믿고 의지하고 사랑하며 이겨낸 순간들이 AT 길 위에 꾹꾹 발자국으로 남았음이 분명하다. 나의 마음 속에도 물론이고.

3,500km의 장거리하이킹은 누구나 할 수 있는 일이다. 기회가 된다면 인생에서 이런 기회를 한번쯤은 가져보길 추천한다. 오롯이 자연에 몸을 맡기고 온몸으로 위대한 자연, 그리고 그 속에서 때로는 하염없이 약하기도 때로는 위대한 자기 자신을 발견할 수 있다. 길 위에서 따뜻한 마음을 가진 사람들과 멋진 다국적의 친구들을 만날 수 있고 오랜 시간 이야기해도 부족할 만큼 다양한 에피소드를 경험할 수 있다. 그리고 무엇보다 '스스로를 알아가는 시간'을 경험할 수 있다. 이런 것을 경험할 수 있는 장소가 AT라면 좋겠지만, 꼭 이 길이 아니어도 좋다. 이것만이 자신을 알아가는 방법은 아니라는 말을 하고 싶다. 장거리하이킹이 아니어도 좋다. 반드시 회사를 그만두고 떠나는 장기간의 여행이 아니어도 좋다. 지금 당신이 있는 곳이 어디

든, 스스로를 마주하고 자신에 대해 알아가는 시간을 가지길 추천한다. 이는 나 스스로에게 하는 말이기도 하다. 나는 AT가 끝난 이후에도 스스로에 대해 알아가는 시간을 계속할 것이고, 주체적인 방향성을 가지고 삶을 꾸려가도록 노력할 것이다.

AT를 걷는 동안 도움의 손길을 주신 모든 트레일엔젤과 많은 분들께 지면을 통해 감사의 인사를 전한다. 지치거나 힘든 순간마다 응원을 아끼지 않았던 가족들, 친구들, 그리고 이 길에서 항상 곁에 있어준 사랑하는 이에게 특별한 고마움을 전한다. 또한 AT를 걸으며 만났던 수많은 하이커친구들, 그리고 지금도 어디선가 길을 걷고 있을 하이커들에게 존경을 표한다.

하루하루 행복하고 그날들이 모여 궁극적으로 행복한 삶을 갈망하되, 우리의 삶은 우리 스스로가 주도할 수 있는 그런 삶을 꿈꿔본다. 더욱 성숙해진 모습으로 길 위에서 만날 수 있기를.

See you on the trail.

AT Tips

애팔래치아 트레일
Appalachian Trail

애팔래치아 트레일(Appalachian Trail, 이하 AT)은 미국 동부의 남북으로 길게 뻗어있는 애팔래치아 산맥을 따라 형성된 장거리트레일이다. 총 거리는 3,502km로 조지아, 테네시, 노스캐롤라이나, 버지니아, 메릴랜드, 웨스트버지니아, 펜실베이니아, 뉴저지, 뉴욕, 코네티컷, 매사추세츠, 버몬트, 뉴햄프셔를 지나 메인까지 미국 동부의 14개 주를 지난다. 최고 지점으로는 클링만스 돔(Clingmans Dome, Tennessee and North Carolina, 2,205m)이고 최저점은 베어 마운틴 스테이트 파크(Bear Mountain State Park, New york, 38m)이다.

어떤 지점에서 시작하여 어느 방향을 향해 가느냐에 따라 노스바운더(North-bounder)와 사우스바운더(South-bounder)로 구분된다. AT의 최남단 지점 스프링어 마운틴(Springer Mountain, Georgia)에서 시작하여 북쪽을 향해 걷는 노스바운더들은 대개 3월 초~4월 중순에 출발한다. 반면 메인주의 마운트 카타딘(Mount Kathahdin, Maine)에서 시작하여 남쪽을 향해 걷는 사우스바운더들은 6월 말~7월 중순에 AT 여정을 시작한다. 사람마다 편차는 있지만 이 길을 모두 걷는데 5~6개월가량 소요된다.

벤톤 맥카예(Benton Mackaye)는 AT 구상 및 형성에 제일 큰 공헌을 한 사람으로 알려져 있다. 하버드대학교에서 산림학을 전공하고 가르친 경력을 토대로 1921년부터 AT에 대한 구상을 제시, 실현시키기 위해 많은 노력을 했다. 1923년, 베어 마운틴부터 뉴욕구간이 첫 AT로 형성된 이래로 꾸준히 여러 구간들을 정비 및 AT에 포함시켜 오늘날 3,500km로 확대되었다.

대개 AT라 하면 미국 내의 길을 지칭하지만, 보다 넓은 의미로 애팔래치아 산맥줄기를 연결한 인터내셔널 애팔래치아 트레일 (International Appalachian Trail)도 있다. 이는 메인부터 시작하여 캐나다 퀘벡의 포리용 내셔널파크(Forillon National Park)까지 연결되어 있다. 이외에도 유럽의 그린랜드와 모로코까지 애팔래치아 산군을 연결하는 트레일도 있다.

미국 3대 트레일

AT는 미국 서부 태평양 연안의 산들을 연결한 PCT(Pacific Crest Trail), 미국의 대륙분수령을 연결한 CDT(Continental Divide Trail)와 함께 미국 3대 장거리트레일로 손꼽힌다. AT는 이 중에서도 제일 먼저 조성되어 2017년, 80주년을 맞이했다. 역사와 전통이 오래된 만큼 미국의 장거리트레일 문화를 만드는 데 큰 역할을 하였으며 많은 수의 사람들이 이 길을 경험하였고 또 매년 도전하고 있다. 이 세 가지 트레일을 모두 종주하는 것을 '트리플크라운(Triple Cwrown)'이라고 하며, 이러한 사람들을 '트리플크라우너'라고 부른다. 2018년 현재, 전 세계적으로는 300여명, 한국에는 2-3명의 트리플크라우너가 있다.

행복해지는 법을
아무도
가르쳐주지 않아서

국내에서도 장거리하이킹에 대한 관심이 점차 많아지면서 종종 받게 되는 질문이다. 장거리트레일에 대한 대부분의 정보가 영어로 되어있고, 아직은 한국에 그 정보가 부족한 것이 현실이다. 장거리하이킹을 떠나기 위해 사전에 준비해야 할 것들을 알아보자.

- 미국비자

우리나라와 미국은 무비자협정이 체결된 나라로 ESTA를 이용하면 3개월(90일) 체류를 할 수 있다. 하지만 미국 장거리하이킹의 경우, 대개 4-5개월가량 기간이 소요되다보니 이보다 오랫동안 체류할 수 있는 비자(B1/B2)를 발급받아야 한다. 최대 6개월(180일)까지 체류할 수 있는 B1/B2비자는 별도로 미국 대사관에 신청 및 발급받아야 하는데, 신청자가 ESTA 대신 왜 B1/B2 비자를 발급받아야 하는지 설득시켜야 하기 때문에 은근 까다롭다.

비자신청단계로는 우선 비이민비자 온라인신청서(DS-160)을 작성 후, 대사관의 해당 페이지에서 신청하여 인터뷰날짜를 잡아야 한다. 이후 인터뷰 당일 본인이 불법체류를 하지 않을 것이라는 강한 인상을 줄 수 있기 위한 제반서류를 준비해가면 된다. 대사관 직원 설득에 성공하느냐 못하느냐의 여부에 결코 정해진 답은 없는 것 같다. 어떤 경우 별다른 질문 없이 비자발급을 쉽게 해주는 경우도, 어떤 경우는 세

번 가량의 도전 끝에 발급받은 경우도 있으니 말이다. 나의 경우, 두 번째 비자인터뷰에서 비자발급에 성공했다. 'ESTA 대신 왜 B1/B2를 발급받으려 하느냐?'는 질문에 두 번 모두 똑같이 '4-5개월 걸리는 장거리하이킹을 하기 위해'라고 대답하였는데 첫 번째는 탈락, 두 번째는 합격이었으니 아직도 그 이유를 모르겠다.

- 퍼밋 for 내셔널파크

AT를 걷기 위해서는 별도의 퍼밋(permit)은 필요하지 않다. 다만, 내셔널파크(National Park, 국립공원)를 걷는 동안 1박 이상의 잠을 자기 위해서는 퍼밋을 신청 및 발급받아 소지하고 다녀야 한다. AT의 경우 그레이트 스모키 마운틴스 내셔널파크(Great Smokey Mountains National Park)와 셰난도어 내셔널파크(Shenandoah National Park), 두 곳이 있다.

그레이트 스모키 마운틴스 내셔널파크의 경우, 내셔널파크 홈페이지에서 사전에 신청하여 해당 퍼밋을 인쇄한 뒤 트레일을 걸어야 한다. 일반적으로 1박에 4$, 7박에는 20$의 비용을 받아 20$짜리를 이용하는 게 효율적이다(2018년 기준). 내셔널파크가 시작되는 입구에 'AT 하이커 퍼밋'이라는 박스가 놓여있는데, 사전에 인쇄해둔 퍼밋의 부분을 잘라 제출하고 절반은 본인이 소유한 채 하이킹을 하면 된다.

셰난도어 내셔널파크는 내셔널파크가 시작되는 입구에 셀프로 신청할 수 있는 박스가 놓여있어 그곳에서 10$를 내고 신청한 뒤, 퍼밋을 소지하고 걸으면 된다. 이 모두 자발적인 신청 시스템으로 이뤄지는데, 별도로 확인하는 경우는 드물지만 대부분 하이커들이 양심적으로 신청 및 발급받아 하이킹을 하니 잊지 말고 퍼밋을 소지하고 다녀야 한다.

- AT 가이드북 및 어플리케이션

AT를 걷다 보면 대부분의 하이커들이 공통의 가이드북을 보고 있음을 알 수 있다. 바로 『The A.T Guide』라는 책이다. AT에서는 거의 성경처럼 사용되는 이 가이드북은 Awol이라는 하이커가 만든 것으로 AT의 처음부터 끝까지 구체적인 거리, 트레일에서의 물, 쉘터 등의 정보, 마을까지의 거리는 물론 마을의 레스토랑, 마트, 우체국 등 하이커에게 필요한 내용들이 다채롭게 적혀있다. 또한 새로운 내용들을 업데이트하여 매년 새로운 개정판을 판매한다. 일반 종이책과 전자북과 같은 PDF 형식 두 종류가 판매되는데, 우리의 경우 PDF파일을 휴대폰에 저장시켜두고 이용했다.(상세정보 및 구입처 theATguide.com)

트레일에서의 길 안내는 비교적 잘 되어있지만, 만약의 경우를 대비하여 GPS기능이 있는 어플리케이션을 이용하는 하이커들도 많다. AT와 관련된 어플리케이션으로 가장 유명한 것은 '컷훅 가이드(Guthook Guides)'이다. 트레일 GPS는 물론 물, 텐트사이트, 트레일 근처의 마을에 대한 정보까지 체계적으로 구축되어있다. 또한 하이커들이 지속적으로 코멘트를 작성할 수 있어 트레일 전반에 대한 정보를 실시간으로 얻을 수 있다. 어플리케이션은 무료이나 AT 14개 주의 지도를 각각 구매하여 이용해야 하기 때문에 전체 금액이 $60에 달한다는 단점이 있다.

- 장비

장거리하이킹의 매력인 동시에 어려운 점은 아무래도 일상에 필요한 짐을 모두 짊어지고 다녀야 한다는 것일 것이다. 하루 이틀 걷는 것도 아니고 4-5개월 가까이 필요한 짐들을 짊어져야 할 뿐 아니라, 야생생활의 생존에 필요한 짐들을 챙겨야 하기 때문에 효율적인 장비가 필요하다.

하이커의 개인 기호 및 기본 체력 등에 따라 장비의 성능과 종류 등은 차이가 있어 기본적인 장비 목록을 나열해 본다.

하이킹용 배낭(40-50리터), 침낭, 텐트(혹은 타프), 매트리스, 방수자켓, 경량형 보온자켓, 긴팔 상의(주로 셔츠), 반팔, 보온성 긴바지, 반바지, 양말, 취침용 보온양말, 속옷, 코펠과 버너(혹은 젯보일), 연료, 스푼과 젓가락, 물통, 정수필터, 상비약, 전자제품과 휴대용충전기, 등산스틱, 경량슬리퍼 혹은 타운신발, 별도의 타운웨어, 세면도구 등.

이 외에도 많은 이들이 '본인의 체력으로 가능할까요?'라고 묻는다. 더불어 체력적으로 어떤 준비를 하는 것이 좋겠냐고 묻는 이들도 종종 있었다. 이는 모든 운동이 비슷하다고 생각한다. 처음에는 모든 것이 서툴고 운동능률이 높지 않다. 조금씩, 직접 경험하며 본인의 페이스를 찾아가게 되고 동시에 체력적으로 월등히 향상되는 느낌을 경험할 수 있다. 세 번의 장거리하이킹을 한 이들도 새롭게 장거리하이킹을 시작하는 첫날에는 워밍업 느낌으로 적당한 거리를 걷고 점차 속도와 하루 주행거리를 올려간다.

출발 전에 할 수 있는 체력적인 준비가 철저하면 트레일 위에서 자신의 페이스를 찾는 것이 빠를 수도 있다. 아주 기본적으로는 10kg가량의 배낭을 메고 3km가량 걸을 수 있는 체력이 있으면 된다고 말하고 싶다(이는 시작 초기에 1-2시간 동안 걸을 수 있는 거리를 기준으로 삼았다). 우선 이 정도의 체력만 있으면 거뜬할 수 있다. 그 이후에는 길 위에서 하루하루 눈에 띄게 체력이 향상되는 자신을 발견하게 될 것이다.

길 위에서

- 식량 보급

AT 하이커들은 트레일의 상황에 따라 보통 4-6일 정도마다 마을에 들러 식량을 보급한다. AT는 비교적 산과 가까이 마을이 형성되어있고, 미국 동부의 특성상 마을이 조밀하게 위치하고 있어 2-3일마다 마을에 가는 하이커들도 있다. 식량을 보급하는 방법은 크게 두 가지로 나눌 수 있다.

첫째, 마을의 우체국, 스토어 혹은 트레일엔젤 집 등으로 미리 식량을 보내두는 것

둘째, 마을에서 직접 구입하는 방법

첫 번째 방법의 경우, 트레일을 시작하기 전 혹은 중간에 큰 슈퍼가 있는 마을을 만나 대량으로 구매, 소분하여 각각 보급마을로 보내두는 것이다. 마을의 물가 및 상품종류에 크게 좌우되지 않고 안정적인 식량구매를 할 수 있다는 장점이 있으나, 우체국의 운영시간을 맞춰서 트레일을 걸어야 해서 자율성이 떨어진다는 점, 보내둔 음식이 입맛에 맞지 않을 가능성, 우편비용의 발생, 그리고 보급박스의 분실 등의 단점이 있다.

두 번째 방법의 경우, 방문하게 되는 마을에서 구매하는 방법이다. 트레일에서 벗어나 사람들이 거주하는 마을에 가는 것이기 때문에 대부분 마을에서 식량을 구매하는 것은 크게 어렵지 않다. 이 경우 마을에 들어가는 일정이 자유롭다는 점과 매번 자신이 먹고 싶은 식량을 매번 마을마다 다채롭게 구매할 수 있다는 장점이 있지만, 간혹 작은 마을의 경우 원하는 식량을 구매하지 못하거나 다소 비싼 가격으로 구매할 수 있다는 단점이 있다.

우리의 경우 두 가지 방법을 섞어서 사용하였다. 마을에서 직접 구매하는 것을 기본 보급방법으로 사용하되, 작은 규모의 마을에의 경우는 식량을 보급하는데 선택지라든가, 비용적인 측면에서의 어려움이 있을 수 있어 미리 식량보급박스를 보내 효율성을 높였다.

또한 우리는 '바운스박스'를 효과적으로 이용했다. '바운스박스'란 랩

탑, 외장하드, 마을에서 입게 되는 타운웨어 등 자주 사용하지 않는 물건을 앞의 마을로 미리 보내는 방식이다. 주로 한 달 주기의 마을로 보내두어 짐의 운용을 효율적으로 하였다. 이를 통해 아주 가끔 필요한 짐들을 효과적으로 사용할 수 있었고, 한국에서 친구들이 보내준 고추장, 한국라면 등도 효율적으로 배분하여 먹을 수 있었다.

- For women : 대자연의 기간

여자의 경우 한 달에 한번 '대자연의 기간(생리)'을 맞이하게 된다. 일반적인 생활을 할 때도 여러모로 신경 써야 하는 일이 많은 대자연의 기간을 어떻게 보내야 할지 나 역시 무척 고민했다. 예민한 사항이라 개인의 선택이 제일 중요하겠지만 트레일에서의 경험을 공유해본다.

우선 나의 경우 생리통이 거의 없는 편이고 1년에 한두 번 정도 경미한 허리 뻐근함과 두통만 있는 편이다. 그래서 장거리하이킹을 하기 이전에도 대자연의 기간에 일반생활을 하는데 전혀 지장이 없었고, 격한 운동의 최고봉으로 꼽히는 크로스핏(Crossfit)도 거르지 않고 할 수 있었다. 이 점은 장거리하이킹에서 매우 유리하게 작용했다.

가장 좋은 것은 해당 기간에 맞춰서 마을에 가는 것이다. 아무래도 편한 휴식이 필요하고 위생적으로 더 예민해지기 때문이다. 가장 컨디션이 좋지 않은 기간에는 개인 편차가 있겠지만, 나의 경우 두 번째 날에는 가급적이면 마을에 가는 스케줄로 하이킹을 했다. 그렇다고 생리기간이 끝날 때까지 내내 있기에는 전체적인 일정과 숙소 비용 등이 비효율적이라 가장 힘든 날에 맞춰가려고 노력했다. 물론 주기를 맞출 수 없거나 마을이 멀어 트레일 위에서 맞이하는 때도 있었다.

아무래도 움직임이 많기 때문에 패드형보다는 '탐폰'을 사용하여 혹시 발생할 수 있는 사고를 방지할 수 있다. 양이 많은 날에는 탐폰과 미니패드를 병행하기도 했다. 무엇보다 물티슈는 필수품이다. 영유아 전용으로 판매되는 물티슈의 경우 자극성이 적어 더욱 유용했다. 그리고 쉘터의 화장실에서 혹은 해가 저문 뒤에는 정수한 물을 이용하여 간단히 씻는 것도 유용한 방법이다.

대자연 기간 동안 발생되는 쓰레기도 걱정거리다. 해당 쓰레기를 산속에 버릴 수 없고 가지고 다녀야 하는데 일반적인 쓰레기보다 무언가 찜찜함이 있기 때문이다. 나의 경우 해당기간 전에 마을을 떠날 때 500ml가량의 페트병을 챙겼다. 그 전까지는 물통으로 쓰다가 대자연 기간이 찾아오면 해당 쓰레기들만 그 페트병에 넣어 별도로 보관했다. 일반적으로 가지고 다니는 쓰레기봉투보다 밀폐도 잘 되기 때문에 냄새걱정을 덜 수 있다. 경구피임약을 미리 복용하여 주기를 정확히 맞추거나, 장거리하이킹을 하는 동안에는 대자연의 기간을 맞이하지 않는 것도 방법 중에 하나일 수 있다. 경구피임약이 부작용은 없다지만 별도의 약을 복용하는 것이므로 본인 의지가 중요하다.

다른 여성 하이커들의 경우, 쓰레기 걱정 없고 활동하기 편리하며 반영구적으로 사용이 가능한 생리용품으로 '생리컵'을 이용하는 사람도 있었다.

행복해지는 법을
아무도
가르쳐주지 않아서

- 트레일에서 발생 가능한 응급상황(틱, 포이즌오크, 말벌 등)

트레일은 자연에 그대로 노출이 되어있고 야생 환경에서 살아남아야 하는 여정이다. 그렇기 때문에 예상치 못하게 자연으로부터의 응급상황에 마주하게 되는 경우가 발생할 수 있다.

AT에서 특히 조심해야하는 것 중 하나는 바로 틱(tick)이다. 틱은 '야생진드기'를 지칭하는데, 그 중에서도 특히 라임병(Lyme Disease)을 유발할 수 있는 특정 틱에 물리는 것을 주의해야 한다. 일부 틱은 사슴이나 설치류 등의 피를 빨아먹은 뒤 사람을 물게 되면서 병균을 옮기게 되고 그 과정에서 사람에게 라임병을 유발시키게 된다. 라임병을 유발시키는 틱은 전체의 1/4가량 된다고 한다.

라임병증상은 2-5일 가량의 잠복기간 이후, 발열, 두통 등과 함께 이동홍반(Erythema Migrans)이다. 틱에 물린 부위의 면적이 점점 넓어지고 빨간 타원 속에 살색의 타원이 겹쳐서 나타나 마치 소의 눈(Bull's eye), 혹은 과녁모양으로 바뀌게 된다. 이 경우 라임병 전조증상이므로 가까운 약국이나 병원을 방문, 처방을 받는 것이 중요하다. 라임병은 초기에 발견, 항생제 등의 약을 처방받으면 크게 문제없지만, 치료 타이밍을 놓치면 관절, 신경 등 여러 장기로 균이 퍼지게 되고 특히 뇌로 전이되는 경우 생명에도 위험하다고 한다.

포이즌오크(Poison Oak) 역시 조심해야 한다. 포이즌오크는 우리나라에서는 옻나무과의 식물로 트레일 위의 수풀에서 꽤 자주 발견할 수 있다. 포이즌오크와 더불어 포이즌 아이비(Poison Ivy) 역시 독성이 있는 풀이다. 만지거나 스치는 것만으로 알러지 반응을 일으킬 수 있는데, 그 증상으로는 많은 붉은 수포들이 올라오고 특히 밤이 되면 엄청난 가려움을 유발시킨다. 트레일에서 포이즌오크에 노출되었을 경우, 긁지 말고 찬물에 여러 번 씻어내야 한다. 그리고 마을에 내려와 처방약과 연고를 이용하면 된다.

자연 속을 걷다 보면 벌도 자주 마주하게 된다. 일반 벌의 경우 사람이 먼저 공격하지 않는 이상 공격하지 않지만, 말벌은 사람의 일반적인 걸음 등에도 반응하여 쏘는 경우가 있다. 그 중에서도 말벌에 쏘이는 경우, 응급상황이 발생될 수 있다. 이 경우에는 눈과 코, 기도 등이 부풀어 올라 호흡곤란이 발생할 수 있고, 더불어 온몸에 두드러기가 나는 증상도 나타나는데, 이 모든 것은 아나필락시스(Anaphylaxis)라는 증상이다. 급성과민반응인 아나필락시스는 벌에 쏘인 직후 30분 이내에 나타나기도 하지만, 4-6시간 뒤에 나타나는 경우도 있다. 이런 경우 쏘인 부위를 확인 후 흐르는 깨끗한 물로 세척 후, 병원을 방문하여 진찰, 약 처방을 받는 것이 좋다. 말벌에 물리는 것에 대비하여 아나필락시스 반응이 나타날 경우 응급적으로 사용할 수 있는 에피펜(에피네프린 자가 주사기)을 미리 가지고 다니는 것도 방법이다.

'트레일에서 이런 위급상황이 얼마나 발생하겠어?'라고 생각하기 쉽다. 우리 역시 그러했다. 하지만 위에 언급한 자연으로부터 발생 가능한 응급상황은 우리가 2-3년간 장거리트레일을 걸으면서 직간접적으로 경험하였던 실제 상황이었다. 트레일에서 이런 위급상황이 닥친다

행복해지는 법을
아무도
가르쳐주지 않아서

면 무엇보다 '문명'과 거리가 떨어져있다는 것이 크게 당황스럽게 여겨진다. 사후 응급처리방법을 인식하고 있되, 해당 사건이 발생되지 않도록 주의해야 할 것이다.

트레일 용어

- 쓰루하이커&섹션하이커(Thru-hiker & Section-hiker)

한 시즌에 전체 트레일을 종주하는 하이커를 쓰루하이커, 구간별로 여러 기간에 걸쳐 나눠 종주하는 하이커를 섹션하이커라 한다. 하나의 트레일을 나눠 본인 상황에 맞춰 3~10년째 꾸준히 걷는 섹션하이커들도 있다.

- 노보&소보(NOBO & SOBO)

어느 위치에서 출발하여 어떤 방향을 향해 걷느냐에 따라 하이커들을 구분하는 표현이다. 북쪽을 향해 걷는 하이커들을 노스바운더, 노보(North bounder, NOBO), 남쪽을 향해 걷는 하이커들을 사우스 바운더, 소보(South Bounder, SOBO)라 한다. 절반 이상의 하이커들이 노보로 걷는다.

- 트레일네임(Trail Name)

장거리하이킹에서 실제 이름 대신 사용하는 닉네임. 특별한 사연이 있거나 하이커 본인의 특징을 따서 만들어 사용한다. 그러다보니 외국 하이커친구들의 실제 이름은 기억나지 않는 경우도 많다. 나는 한국 이름 '하늘'의 영어단어 'Sky'를, 즉흥적으로 움직이기 좋아하는 남편은 관련 뜻을 가진 'Spontaneous'라는 트레일네임을 사용했다.

- 트레일매직&트레일엔젤(Trail Magic & Trail Angel)

하이커들을 위해 간단한 음식, 음료 등을 제공해주는 것을 트레일매직이라 부른다. 그리고 이러한 행사를 주최하고 어떤 경우 숙식을 제공해주는 사람들을 트레일엔젤이라 부른다. 물이 부족한 구간의 식수, 간단한 간식이나 음료부터 시작하여 필요한 의약품, 잔치 수준의 음식이 준비되는 경우 등 트레일매직의 종류는 다양하다. 트레일 위에서는 항상 굶주리고 항상 무언가 부족하게 느껴지는지라 그 규모와는 상관없이 항상 기대되고 행복한 추억거리를 제공해준다.

- 제로데이(Zero Day)

트레일을 걷지 않고 휴식을 취하는 날. 보통은 마을에서 쉬는 날을 의미하지만 AT의 경우, 비가 많이 오는 경우는 산속 텐트에서 제로데이를 가지기도 했다. 마을에서 제로데이를 가지는 경우, 가급적이면 한 발자국도 움직이지 않으려 한다. 단 한 발자국도.

268 행복해지는 법을
아무도
가르쳐주지 않아서

- 하이커박스(Hiker's Box)

하이커들이 불필요한 짐들을 두고 누군가는 그 중에서 필요한 것을 가져갈 수 있도록 만든 박스. 박스 속의 내용물은 정말 가지각색이다. 양말, 바지나 티셔츠, 운동화, 슬리퍼, 물통은 물론 라면, 간식, 커피 등 다양한 것들이 있는데 식량의 경우 유통기한은 괜찮은지, 믿을 수 있는 제품인지 등을 잘 살펴보아야 한다. 호스텔이나 트레일엔젤의 집, 내셔널파크의 관리 사무소 등에서 만날 수 있다.

- 트레일헤드(Trail Head)

트레일이 시작되는 지점. 보급을 위해 마을에 다녀올 때 트레일헤드에서 히치하이킹을 하면 차량유동이 많아 간편하다. 또한 다시 트레일로 복귀할 때는 '트레일헤드까지 가 줄 수 있어?'라고 말하면 간편히 의사소통이 가능하다.

- 쉘터(Shelter)

하이커들을 위한 쉼터 공간. 주로 나무로 만들어진 개방형 쉼터가 있어 그곳에서 잠을 잘 수도 있고, 주위로 정비된 텐트사이트가 있어 텐트를 치기도 비교적 편리하다. 물론 쉘터마다 시설의 차이는 있지만 화장실과 식수를 공급받을 수 있는 샘터 등이 있다. AT전체 구간에 짧게는 1마일, 길게는 20마일가량에 걸쳐 수많은 쉘터가 설치되어 있다.

- 블레이즈(Blaze)

AT에서 나침반역할을 해주는 지표로 손바닥만한 크기(가로5cm*세로15cm)로 나무나 바위 등에 페인트칠된 것을 지칭한다. AT 전체에 165,000개 이상의 블레이즈가 있어 이것만 따라가면 길을 잃을 염려하지 않아도 된다. 갈림길에서는 두 개의 블레이즈가 나란히 칠해져있는데, 이 경우 방향전환을 해야 하는 쪽의 블레이즈가 위쪽을 향해 있다.

(예) 우회전의 경우, 오른쪽의 블레이즈가 위쪽으로 올라와있음. 블레이즈는 그 색상에 따라 크게 두 가지로 나뉜다. 흰색의 화이트 블레이즈는 AT 공식트레일을 의미하고 파란색의 블루 블레이즈는 쉘터, 뷰포인트, 지름길 등 사이드트레일을 의미한다.

- 2000마일러(2000miler)

3,500km의 AT를 모두 걷고 난 하이커들에게 부여되는 명예로, AT를 관리하는 ATC에 의해 부여된다. 복잡한 인증은 필요 없이 시작과 종료 날짜 및 장소, 이름과 트레일네임 등의 정보를 가지고 ATC 홈페이지에서 신청하면 2,000마일러라는 완주증과 AT패치 등을 발송해준다.

- LNT(Leave no Trace '흔적 남기지 않기' 캠페인)

미국 장거리하이킹은 물론, 미국에서 아웃도어활동을 하기 위해 정보를 찾다보면 LNT(Leave No Trace)라는 단어를 종종 볼 수 있다. 이는 사람들의 아웃도어 활동으로 자연이 훼손되는 것을 최소화하기 위

행복해지는 법을
아무도
가르쳐주지 않아서

한 노력이자 멋진 자연을 대대손손 즐기기 위한 작고 큰 영향력을 가진 것이라 할 수 있다. 이 운동은 1991년 미국 산림청과 전국 아웃도어 리더십 학교에서 만든 것으로, 최근 우리나라에서도 아웃도어인들에게 점차 그 중요성이 부각되고 있다.

1. Plan ahead and prepare(미리 충분히 준비하고 계획한다).

자연으로 나가기 전, 해당 지역에 대해 준비 및 계획을 해야 한다. 함께 움직이는 인원규모를 적게 계획하고 더불어 짐을 최소화로 준비하는 것도 중요하다.

2. Travel and camp on durable surfaces(정비된 트레일을 걷고 가급적이면 정비된 곳에서 캠핑한다).

길을 새롭게 만들기보다는 이미 정비된 트레일을 이용하고, 캠핑 역시 이미 다져진 캠핑사이트에서 하는 것을 추천한다. 또한 새롭게 캠핑사이트를 구축해야 하는 경우, 계곡이나 호수로부터 약 60미터 이상 떨어진 곳을 이용하여 수질오염을 예방한다.

3. Dispose of waste properly(쓰레기를 최소화하고 올바른 방법으로 처리한다).

모든 쓰레기를 최소화시켜야 하고 자연에서 발생된 쓰레기는 모두 수거하여 돌아와야 한다. 용변을 볼 때는 물길, 야영지, 트레일 등에서 충분히 멀리 떨어져야 하고, 대변의 경우 20cm가량 구덩이를 파고 묻

이야 한다.

4. Leave what you find(자연 그대로 보존한다).

나무, 식물, 바위 등 자연에서 발견한 모든 것들을 있는 그대로 보존해야 한다.

5. Minimum campfire Impact(불을 최소화한다).

캠프파이어는 가급적 줄이고 캠프파이어를 할 경우 돌을 이용하여 파이어링(fire ring, 방화선)을 잘 구축해야 하고 꼭 완전소화를 시켜야 한다. 모닥불 대신 스토브를 이용하고 지정된 장소에서만 사용하자.

6. Respect Wildlife(야생동식물을 보호한다).

야생동식물을 보호하고 존중해야 하며 먹이를 주어서는 안 된다.

7. Be considerable of other visitors(다른 사람을 배려한다).

다른 사람을 배려하여 일정 거리를 두고 캠핑사이트를 구축하고 음악이나 라디오를 듣고 싶으면 이어폰을 이용한다. 이로써 다른 사람도 자연을 즐길 수 있도록 배려해야 한다.

행복해지는 법을
아무도
가르쳐주지 않아서

행복해지는 법을 아무도 가르쳐주지 않아서
– 3,500km 미국 애팔래치아 트레일을 걷다

초판1쇄 2019년 1월 3일 **지은이** 이하늘 **펴낸이** 한효정 **편집교정** 김정민 **기획** 박자연, 강문희
디자인 화목, 이선희 **마케팅** 유인철, 임지나 **펴낸곳** 도서출판 푸른향기 **출판등록** 2004년 9월
16일 제 320-2004-54호 **주소** 서울 영등포구 선유로 43가길 24 104-1002 (07210)
이메일 prunbook@naver.com **전화번호** 02-2671-5663 **팩스** 02-2671-5662
홈페이지 prunbook.com | facebook.com/prunbook | instagram.com/prunbook

ISBN 978-89-6782-084-8 03940
ⓒ 이하늘, 2019, Printed in Korea

값 15,000원

이 도서의 국립중앙도서관 출판예정도서목록(CIP)은 서지정보유통지원시스템 홈페이지(http://seoji.nl.go.kr)와
국가자료공동목록시스템(http://www.nl.go.kr/kolisnet)에서 이용하실 수 있습니다.
CIP제어번호 : CIP2018037448

이 도서는 한국출판문화산업진흥원의 출판콘텐츠 창작 자금 지원 사업의 일환으로
국민체육진흥기금을 지원받아 제작되었습니다.